다만 나에게는
행동의 연속만이 있을 따름이오.
행동은 말이 아니고,
나에게는 시를 생각하는 것도
행동이 되는 까닭이오.

이육사 〈계절의 오행〉 中

이육사 ——————————————————————————————

일제 강점기, 제국주의 탄압에 끝까지 저항했던 한국의 대표적인 저항 시인.

본명은 이원록이지만, 이육사, 이활 등 여러 이름으로 활동했던 그는 온갖 시련과

고난 속에서도 독립을 향한 뜻을 굽히지 않았고, 자신의 시를 통해

한민족의 독립을 향한 의지를 아름답고 웅장하게 승화시켰다.

이육사 생가 ————————————

안동에 있는 이육사의 생가. 안동 댐으로 인해 육사의 고향이 수몰되기 이전의 모습이다.

지금은 경북 안동시 포도길에 이전되어 있다.

이육사의 어머니, 허길 ————————————

1906년 오적 암살 사건에 연루되어 만주로 망명했던 허형의 딸로

독립운동가 집안에서 자라났다. 그녀의 자식들은 이러한 저항의 분위기 속에서 성장했으며,

이육사뿐 아니라 다른 형제들도 독립운동가로 치열한 삶을 살았다.

이육사의 형, 원기 ────────

이육사 형제들의 맏형으로 동생들을 늘 다독이고 뒷바라지했다.
그 자신이 독립운동에 일생을 바쳤으며 국가 훈장을 받았다.

이육사의 형제들 ──────

왼쪽부터 원홍, 원창, 이육사.

이육사의 넷째 동생 원조 ─────

형제 중 넷째로 항일 운동에 참여한 언론인이자,
문학 평론가였다. 해방 후 월북했다.

이육사와 다섯째 동생 원창 ────────────────

1930년대 후반 다섯째 이원창과 함께 찍은 사진이다. 원창은 〈조선일보〉 주재 기자로
활약했으며 광복 후 〈인천신문〉 창간 멤버로 사회부장을 지내기도 했다.

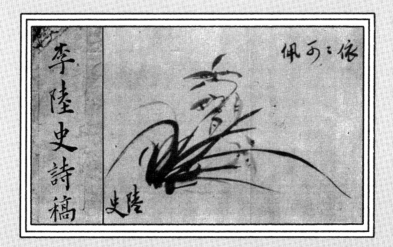

이육사의 난초 그림 ──────────

이육사는 두 개의 난초 그림을 남겼는데, 사진은 이육사의 육필 시고집인 《이육사시고》의
표지로 사용된 그림이다. 그림 한쪽에 의의가패(依依可佩)라는 글이 보이는데 이는
풀이 무성하게 자라 그 푸름이 경탄할 만큼 놀랍다는 뜻이다.

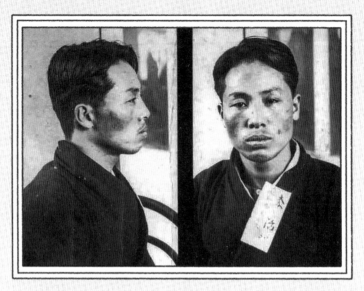

서대문 형무소의 수감 기록 카드 ─────────

1934년 6월 20일에 작성된 것으로 보이는 서대문 형무소의 수감 카드.

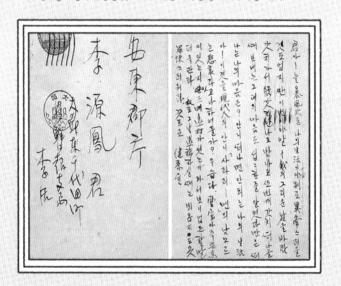

이육사의 육필 엽서 1 ─────────

이육사가 동생인 이원봉에게 보낸 편지로 1931년 11월 10일 소인이 찍혀 있다. 이육사가

〈조선일보〉 대구 지국에 근무하던 시절로, 내용은 친척들의 안부를 묻는 일상적인 것이다.

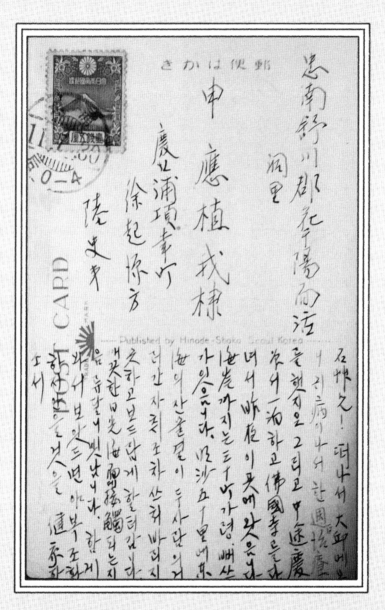

이육사의 육필 엽서 2

1936년 이육사가 절친한 벗이었던 신석초에게 보낸 육필 엽서.

이육사의 육필 원고 〈편복〉 ───────

이육사의 육필 원고로 나라를 잃은 한민족을
동굴 속에서 슬퍼하는 박쥐에 비유한 시이다.
국가등록문화재로 지정되었다.

역사인물도서관 4

이육사 이야기

역사인물도서관 4 이육사 이야기

칠월의 청포도

강영준 글

북멘토

차례

1부 오! 먼 길에 지친 말이여!

을분과 저항, 투옥의 나날들(1904~1931)

2부 내 여기 가난한 노래의 씨를 뿌려라

폭력에 맞서는 양심의 노래(1932~1944)

1부 오! 먼 길에 지친 말이여!

울분과 저항, 투옥의 나날들(1904~1931)

음모가 서린 바다

위태한 섬 위에 빛난 별 하나

한 토막 꿈조차 못 꾸고 다시 동굴로

바람에 씻은 듯 다시 명상하는 눈동자

곧은 기운을 목숨같이 사랑했거늘

광야를 울리는 불 맞은 사자의 신음인가

오! 구름을 헤치려는 말이여!

다른 하늘을 얻어 이슬 젖은 별빛에 가꾸련다

음모가 서린 바다

파도는 잔잔했다. 하지만 바다 공기는 차갑고 송이 눈이 흩날리고 있었다. 뱃머리의 불빛에 비친 눈들은 마치 밤바다를 떠도는 혼령처럼 불길했다. 원록은 뼛속 깊이 한기를 느꼈다. 추위탓만은 아니었다. 여기저기 떠도는 눈들이 마치 구천을 떠도는 조선 사람들의 영혼처럼 느껴졌기 때문이었다.

어느덧 시모노세키 항구의 불빛은 희미해지고 있었다. 마음이 답답해서 3등 선실에 앉아 있기 거북했다. 친구 명룡이 1등 선실에 타라며 없는 돈을 융통해 주었지만 원록은 한사코 3등 선실을 고집했다. 어차피 하룻밤만 지나면 부산항에 도착할 텐데 쓸데없이 돈 쓸 필요가 없다며 거절했다. 하지만 이유는 다른 데 있었다. 다른 조선 사람들도 3등 선실을 이용하는 마당에 혼자만 특별히 좋은 선실을 이용하는 게 마음이 불편했다.

항구에서 조금씩 멀어지자 배는 더 속도를 내기 시작했다. 조선과 일본 사이를 흐르는 바다, 현해탄. 여객선이 요란하게 물살을 가르고 배 주위로 몰려든 물새들이 검푸른 수면 위를 할퀴어도 바다는 큰 물살 한번 일으키지 않는다.

이 바다에는 얼마나 많은 원혼들이 쌓여 있을까. 수백 년 전 왜가 조선을 침략했던 바다였고, 수많은 이들이 죽거나 포로로 잡혀갔던 바다였다. 그때 희생당했던 원혼들이 지금은 편히 잠들었을까. 원록은 머리를 가로저었다. 여전히 바다는 굶주린 악귀처럼 누군가의 희생을 원하는 것 같았다.

물새 발톱은 바다를 할퀴고
바다는 바람에 입김을 분다.
여기 바다의 은총이 잠자고 있다.

흰 돛은 바다를 칼질하고
바다는 하늘을 간질여 본다.
여기 바다의 아량이 간직여 있다.

낡은 그물은 바다를 얽고
바다는 대륙을 푸른 보로 싼다.

여기 바다의 음모가 서리어 있다.

　– 〈바다의 마음〉, 이육사.

　원록은 한기를 느껴 다시 선실로 들어갔다. 그곳은 몸이 성치 않은 조선인들로 가득했다. 공사판에서 팔이 잘린 청년도 있었고, 머리를 상하거나 다리가 부러진 사람도 있었다. 관동 대지진 후로 조선인들이 일본에서 생활한다는 것은 목숨을 건 모험이나 다름없었다. 막 지진이 터졌을 때는 말 그대로 생지옥이었다. 조선 사람들이 우물에 독을 풀었다거나, 불을 지르고 폭동을 일으켰다는 소문까지 퍼지면서 일본인들은 짐승이라도 사냥하듯이 죽창과 일본도로 조선인들을 잔인하게 살해했다. 누군가는 수천 명이, 누군가는 만여 명에 가까운 조선 사람들이 이때 죽임을 당했다고 했다.

　원록이 일본에 갔을 때는 대지진이 터지고 수개월이 흐른 뒤였지만 조선 사람에 대한 적개심은 여전했다. 그나마 일본어를 잘하는 조선인들은 일본인 행세를 하며 견뎠지만 일본어가 서툰 사람들은 제대로 된 일자리조차 구할 수가 없었다. 막상 일자리를 구해도 입에 풀칠하기 어려운 돈벌이거나 아니면 지하 갱도 같은 곳에서 안전장치 하나 없이 작업해야 하는 처지였다.

　비좁은 선실 안에서는 여기저기서 기침 소리, 앓는 소리가

18

끊이질 않았다. 깊은 탄광이나 유독 가스로 가득 찬 화학 공장에서 몹쓸 병을 얻어 귀국하는 청년들이었다. 일본을 오가는 보따리 장사꾼들은 형편이 그나마 나았지만 그들도 보람이 없기는 마찬가지인지 한숨이 끊이질 않았다. 고향으로 돌아오는 길이었지만 그 누구의 낯빛에도 기대나 설렘은 보이지 않았다. 지치고 고단한 표정에 그저 막막한 불안의 눈빛들만 선실을 가득 채우고 있었다. 원록은 더 이상 선실에 머물 수 없었다. 쇠약한 몸이 버거웠지만 마음이 괴로워 자리에 앉아 있을 수 없었다. 원록은 진눈깨비가 흩날리는 갑판 복도로 다시 나왔다.

1년도 채우지 못하고 돌아오다니. 원록은 스스로가 한심했다. 부산을 떠날 때에는 일본을 속속들이 알아서 오겠다고, 이참에 일본의 가장 내밀한 곳까지 들어가 그들의 속내를 알아보겠다고 다짐했는데 불과 아홉 달 만에 돌아오다니. 착잡한 마음을 가눌 수가 없었다.

아버지를 뵐 면목도 없었다. 일본 유학은 처음부터 무리였을까? 불빛에 비친 눈발 속에서 아버지의 얼굴이 떠올랐다. 단호하지만 따뜻한 아버지의 음성이 귓전을 맴돌았다.

"일본에 꼭 가야겠느냐?"
"네. 가서 뭐가 다른 건지 알고 싶어서요."

"다르다니? 뭐가 말이냐?"

"어째서 저들은 우리를 지배하고, 우리는 지배를 당하는지 알고 싶어요."

"차라리 경성으로 가는 것은 어떠냐?"

"서울 말씀이세요? 서울도 좋죠. 하지만 어차피 갈 거라면 동경에 다녀오고 싶습니다."

"진심이냐? 듣자 하니 얼마 전에 지진이 나서 동경 분위기가 험하다는데 괜찮겠느냐? 일본인들이 조선 사람들을 많이 상하게 했다는데……."

"그래서 더 가고 싶어요. 어째서 조선을 핍박하는지 알고 싶고 저들이 어떻게 강해졌는지 알아야겠어요."

"……. 그래 그럼 가서 제대로 알고 와라. 네가 만일 너 한 몸 잘살자고 가는 길이라면 말리겠다만, 네가 뜻하는 바가 있다니 다녀와야지. 다만 몸이 상할까 걱정이구나."

아버지는 그윽한 눈빛으로 원록을 바라보았다. 원록의 눈동자에서 결연한 빛이 뿜어져 나오고 있었다. 원록은 어릴 때부터 언제나 눈이 맑은 아이였다. 돌아가신 원록의 할아버지는 원록의 눈빛이 너무 맑아서 걱정이라고 되뇌곤 하셨다. 부끄러운 세상을 맑은 눈으로 어떻게 견딜지 걱정했던 것이다. 아버지는 원록을 다시 한번 물끄러미 바라보았다. 원록의 눈 속에 앞으로 겪을 숱한 고난과 역경이 보이는 것 같아 마음이 아팠다.

아버지의 머릿속에는 얼마 전 의열단원 김지섭이 일본 황궁을 향해 폭탄을 던졌던 사건이 스쳐 지나갔다. 안타깝게도 폭탄 세 발이 모두 불발되었고 김지섭은 그 자리에서 체포되었다는데 아버지는 스무 살 젊은 혈기에 원록이 그런 일을 벌이지 않을까 걱정이 되었다. 빼앗긴 나라를 생각하면 김지섭 같은 의로운 이들이 하루가 멀다 하고 나와야겠지만 정작 아들이 그런 험한 일에 나설지도 모른다고 생각하니 불안이 엄습했다. 하지만 아버지는 아들의 결심을 꺾을 수 없다는 것을 잘 알았다.

원록은 떠올렸다. 이제 논어나 중용 같은 유교의 가르침만으로는 한계가 있다. 아무리 유교를 신학문과 결합한다 해도 새로운 시대를 맞이하기는 쉽지 않다. 과거의 학문이 잘못된 게 아니라 시대가 바뀌었기 때문이다. 고향 땅 안동 원촌을 떠나 대구로 온 이유가 무엇이었나? 더 큰 세상, 더 새로운 문물을 이해하려는 뜻이었다.

안동 원촌! 그곳을 떠나오던 날 원록은 가슴속에 울음을 멈출 수가 없었다. 형제들과 어린 시절을 함께 지냈던 곳, 낙동강 변을 미친 듯이 내달리며 가슴속에 쌓였던 울분을 씻었던 곳, 무엇보다도 할아버지에 대한 추억으로 가득 차 있던 곳, 그곳을 떠나오는 게 원록은 몹시 서러웠다. 그러나 추억에만 빠져 살 수는 없다. 세상은 할아버지께서 말씀하셨던 선비 정신만으로 살아가기에 뭔가 모자랐다. 원록은 몇 해 전 만세 운동 때 일본이 한 짓을 떠올렸다. 총칼로 평화로운 군중을 학살하는 야만적인 그들에게 인의를 섬기는 고결한 선비의 자세는 한계가 있었다. 이제 새로운 문물을 익히는 게 필요하다. 적어도 그들에게 맞서려면 말이다.

원촌을 떠나 대구로 오면서 원록은 다짐했다. 선진 학문을 배우겠노라고. 그래서 백학학원을 다니며 고집스럽게 일본어를 익혀 물리와 화학 그리고 철학을 공부했다. 빅토르 위고를 읽고 마르크스도 알게 되었다. 게다가 비슷한 생각을 지닌 친구들도 여럿 사귀면서 자연스럽게 청춘의 고민도 나누었다. 조재만, 강신묵, 서흑파 같은 친구들은 최신 학문을 간절히 원하던 원록의 갈증을 달래 주던 진실한 벗이었다. 하지만 원록은 여전히 공부가 모자라다는 생각을 떨칠 수가 없었다.

'지금 조선에서 배우는 학문은 일본어로 번역된 게 대부분이다. 최신 학문들은 모두 일본을 거쳐 들어온다. 그러니 조선에 소개되는 지식들은 일본이 전해 주는 지식에 불과하다. 아무리 최신 지식이라 해도 늘 일본보다 뒤처질 수밖에 없다. 게다가 일본인들이 식민지 조선 사람들에게 고급 지식을 알려 줄 리 만무하다. 차라리 일본에 가자. 일본에 가야 일본을 넘는다!'

결국 원록의 생각은 일본행으로 굳어졌다. 우리 민족에게 씻을 수 없는 상처를 준 일제지만 그들이 조선보다 힘이 센 건 틀림없다. 그들은 그 힘으로 우리를 혐오하고 멸시한다. 그러니 지금은 그들과 평화와 공존을 말할 때가 아니라 그들에게 저항해야 할 순간이다. 그렇다면 그들이 어떤 힘을 가졌는지, 어째서 그 힘으로 다른 민족을 억압하는지 알아야 한다.

'서양을 가장 빨리 받아들였으니 일본이 아무리 힘만 앞세운다 해도 그 안에는 분명히 배울 게 있겠지.'

원록은 아버지와의 대화를 마치고 방문 밖으로 나섰다.

"잘 다녀오세요. 몸조심하시고요. 집안일은 걱정하지 않으셔도 돼요."

아내였다. 문 밖에 내내 서 있었던 모양이었다. 아내는 떨리는 목소리를 애써 참으려 했지만 눈가가 촉촉이 젖어 있었다.

"알고 있었어요? 내가 떠나는걸?"

아내는 아무 말 없이 고개를 끄덕였다.

"너무 걱정 말아요. 가서 잘 지내고 올 거요. 당신도 집안일에만 너무 매여 있지 말고 시내에 가서 책도 사서 읽고 교양도 쌓아요. 이제는 여자도 배워야 되는 세상이오."

원록은 겉으로는 아무렇지 않은 듯이 무심하게 말했다. 뜻하지 않게 혼인한 까닭에 원록은 아내에게 애틋한 마음은 없었다.

집안 사정과 부모님의 뜻을 받들어서 했던 결혼이니 그럴 수밖에. 하지만 남편 된 도리로서 아내가 걱정되지 않는 것은 아니었다. 언제 끝날지 기약 없는 유학, 홀로 시부모를 모셔야 하는 아내가 걱정스러웠다.

기차역에는 일본행에 도움을 주었던 이들과 몇몇 친구들이 마중 나와 있었다. 사실 원록의 일본 유학은 이들의 도움 없이는 어려웠다. 대구에서 약재상을 하며 돈을 모은 김관제, 병원을 운영하는 김현경이 없었더라면 형편이 어려운 원록이 일본 유학을 떠난다는 것은 처음부터 불가능했다.

본래 원록의 집안은 부족한 편이 아니었다. 종들도 여럿 거느릴 만큼 넉넉했었다. 하지만 경술년, 나라를 빼앗기던 해에 할아버지께서는 손수 노비 문서를 불태우고 종들을 풀어 주었다. 농사일도 줄여서 식구들을 부양할 만큼만 경작했다. 게다가 지역 학교인 보문의숙을 세우는 데에 앞장서면서 집안에 재산이 남아나질 않았다. 그러다 할아버지께서 돌아가시던 때부터 집안 형편이 급격히 나빠지기 시작했다. 원록의 형제들이 장가를 가고 조카들이 태어나면서 가족은 늘었는데 수입은 그대로였다. 큰형 원기가 집안을 보살폈지만 많은 식구들을 부양하기에는 한참이나 모자랐다.

이런 형편에서 원록의 일본 유학은 주변의 도움 없이는 상상조차 할 수 없었다. 그들은 대개 대구에서 학교를 다니던 시절 사귀던 벗들이었다. 그중에서도 소년 시절부터 석재 유병오 선생에게 글과 그림을 함께 배웠던 이명룡은 원록에게 큰 도움이 되었다. 그는 이번 유학길에 원록과 동행한다. 명룡은 일본 대학에서 법을 전공할 거라고 했다.

일행은 기차역 대합실에서 짧게 이별의 정을 나누었다.

"잘 다녀오게. 그리고 이곳은 걱정 말게. 우리가 잘 지키고 있을 테니. 그나저나 앞으로 탁주집들이 한가하겠어. 술 좋아하는 원록이 일본으로 떠나니 말이야."

김관제가 너스레를 떨며 말했다.

"고맙습니다. 여러분 도움이 없었더라면 꿈도 못 꿨을 텐데."

"어차피 우리 머리로 공부하면 얼마나 하겠나. 게다가 돈 버는 일이 원체 바빠서 말이야!"

"그래, 명룡이는 법을 전공할 거고, 원록이는 일본에서 뭘 공부할 건가?"

"아직 못 정했어요. 저는 뭔가 다른 걸 공부해야 하지 않겠어요? 경쟁할 수는 없으니까요."

"함께 공부하면 더 좋지 뭘 그래. 나도 외롭지 않아서 좋고."

"글쎄. 법률가가 돼서 약자 편에 서는 것도 좋지. 아무리 일본이라도 약자를 억압하라고 법을 만들지는 않을 테니까. 하지만 난 왠지 딱딱한 게 꺼려져. 자유롭고 싶거든."

"그래서 원록이 자네가 그렇게 술을 좋아했던 거로군."

김관제가 다시 한번 크게 웃으며 원록의 어깨를 두드렸다.

"가서 잘 배우고 오게. 다녀와서 조선을 한번 일으켜 보시게나."

웃음기를 거둔 김현경의 말끝에서 서늘하고 푸른 기운이 느껴졌다. 김현경은 원록의 손을 붙잡고 한동안 말을 잇지 못했다.

부산항을 떠난 지 서너 시간이 지나자 바닷물이 점점 짙은 쑥색으로 변했다. 그러다가 해가 사라지자 바다는 어느 순간부터 먹물을 풀어놓은 것처럼 검어졌다. 차갑고 냉정한 바다. 난생 처음 바라보는 바다에서 서늘한 기운이 느껴졌다. 어려서 보던 낙동강의 포근한 물줄기와는 차원이 달랐다. 원록은 어린 시절 낙동강을 잊을 수 없었다. 강줄기 중간중간에 모래 둔덕이 있어서 무릎만 걷어 올리면 얼마든지 쉽게 건널 수 있는 친근한 강. 맑고 투명한 강물 속으로 물풀들이 하늘거리고 그 사이로 어린 물고기 떼가 숨바꼭질하듯이 요리조리 움직이며 발목을 간질이는 게 여간 귀엽지가 않았다. 살갗에 와 닿는 강물의 느낌은 시원했고, 모래사장에 누워 햇볕을 쬐고 있으면 넉넉한 햇살이 따뜻한 꿈들을 품게 해 주었다. 그 꿈속에서 원록은 백마를 타고 낙동강

변을 내달리며 수많은 꽃들이 피어 있는 동산에 오르고는 했다. 원록의 기억 속에 강은 언제나 따뜻하고 정겨웠다.

하지만 시모노세키항으로 향하는 바다는 차갑다 못해 살기가 느껴졌다. 바다는 검은 빛깔 이외에 아무것도 보여 주지 않았다. 새로운 세상을 접하러 가는 길이었지만 원록의 마음은 불길했다. 부산항에서 승선을 할 때부터 마음은 불안해지기 시작했다.

출입국 심사장에서 조선인은 일본인들과는 다른 줄에 서야 했다. 직원들은 조선인을 검문하면서 마치 흉한 짐승이라도 태우는 것처럼 멸시하듯 바라보았다. 큰 배로 옮겨 탈 때에도 조선인들은 일본인과 달리 비좁고 위태로운 조각배로 이동했는데 원록의 가슴에는 전에 없던 민족 의식이 절로 일어날 것 같았다.

갑판 위에서 내려다본 바다는 검고 냉정해 보였다. 저 안에는 무엇이 도사리고 있을까? 무엇을 숨기느라 바다는 저리 어두운 것일까? 조선 반도를 향한 불순한 욕망들, 억압과 착취, 차별과 멸시, 혐오의 감정들이 일말의 죄책감과 뒤섞여 있겠지. 그것들을 감추느라 현해탄은 검고 속을 알 수 없는 바다가 되었는지 모른다. 저 검고 차가운 바다 속에도 삶이 있을까? 차갑고 냉정한 바다 위에 하늘거리는 꽃을 피울 수 있을까?

문득 원록은 꽃을 떠올렸다. 어릴 때, 할아버지께서 심었던 꽃들이었다. 옥매화, 분홍 매화, 홍도화, 해당화, 장미, 백일홍 등 할아버지께서는 사시사철 꽃을 볼 수 있게 마당 귀퉁이, 그 좁은 땅에 꽃나무를 가꾸셨다.

어느 늦은 봄날, 할아버지는 가지에 싹도 틔우지 않은 나무에 꾸준히 물을 주고 계셨다.

"할아버지, 죽은 나무에 물을 왜 주는 거예요?"

"녀석, 죽은 나무로 보여도 정성을 다해 보살피면 언젠가 잎을 틔울 거란다. 당장 눈에 안 보이더라도 희망이 사라진 건 아니지 않니?"

원록의 귓가에 할아버지의 음성이 맴돌았다. 그래, 어쩌면 저 어둡고 음산한 바다 속에도 보이지 않는 희망이 꿈틀댈지 모르지. 얼음으로 뒤덮인 툰드라에 꽃이 피고 생명이 숨 쉬는 것처럼 말이야. 원록은 잔뜩 웅크린 채 눈가에 힘을 주고 검은 바다를 뚫어지게 바라보았다.

'저 검은 바다가 언젠가 나를 집어 삼키더라도 바다 깊은 곳 어딘가에서 작은 씨앗이라도 찾아야 해. 결코 포기해서는 안 돼. 온 바다를 휘젓더라도 어둠을 몰아내는 빛의 씨앗을 찾아야지.'

위태한 섬 위에 빛난 별 하나

"혹시 조선에서 오셨소?"

"네? 네."

"요즘 같은 시절에 도쿄에 오다니 대단하시오. 다들 몸을 사리는 판국인데."

소곤거리듯 나직한 목소리가 바로 옆에서 들려왔다. 도쿄 한복판에서 조선말을 하는 낯선 사람이라니 원록은 적잖이 당황스러웠다.

"뭘 그리 놀라오? 이 근처에는 조선인들이 꽤 있소. 이곳에 온 지 얼마 안 됐나 보오."

"어, 어떻게 아셨나요? 제가 조선인인 걸……."

"얼굴에 쓰여 있질 않소. 조선 사람이라고."

사내는 엷은 미소를 띠우며 바짝 다가와 귀를 간질이며 읊조렸다. 속을 알 수 없는 사내였다. 혹시 조선인을 가려내려는 형사는 아닐까 싶어 원록은 잔뜩 경계했다.

원록은 칸다구에 있는 도쿄 세이소쿠 예비 학교에 입학을 알아보고 있었다. 이미 킨조 예비 학교에 입학 허가를 받았지만 지진 때 건물 절반이 무너져 학교 운영이 정상이 아니었다. 천황이 있는 황거가 근처에 있는데도 지진 때 무너진 건물들이 여전히 방치되어 도쿄의 거리는 을씨년스러웠다.

원록은 학교로 향하기 전, 가게 앞 가판대에서 신문을 하나 집어 들었다. 앞으로 만나게 될 일본인들과 이야기를 나누려면 최근 이슈 정도는 알아 둬야 한다는 생각 때문이었다.

놀랍게도 신문 1면은 조선인 박열이 채우고 있었다. 천황을 암살하려고 폭탄을 들여오려다 체포돼 재판을 받을 예정이라는 기사였다. 원록은 도쿄 한복판에서 신문 1면을 조선인이 채우고 있는 게 믿기지 않았다. 조선에 있을 때 꼬박꼬박 챙겨 보지는 않았어도 두루 신문을 읽었지만 박열이라는 이름은 못 들어 봤다. 대체 박열이란 사람은 누구지? 그리고 지금 곁에 있는 이 낯선 사람은 또 누굴까?

"박열 동지 기사를 그렇게 진지하게 읽는 사람은 왠지 조선인일 거 같았소. 놀랐다면 미안하오."

"괜찮습니다. 그럼 이만."

    원록은 당황스러워 자리를 피하고 싶었다. 아무래도 정체 모르를 사내였다.

    "도쿄는 아직 인심이 사납소. 조선인들을 더 깔본단 말이오. 그나마 유학생들은 존중해 주는 편이었는데 지진이 난 뒤로는 대놓고 멸시를 한단 말이지. 얼마 전에는 의열단이 황궁에 폭탄을 던져서 경찰들이 조선인이다 싶으면 막무가내로 붙잡아 조사를 하오. 혐의가 풀릴 때까지 가둬 두고 보자는 심사지. 요즘은 조선인 유학생끼리도 조선말을 잘 안 쓰오. 일본말은 잘하시오? 안 그러면 가끔 곤욕을 치를 텐데."

    "아, 네. 그렇군요."

    원록은 여전히 경계를 풀지 않고 무심한 듯 대꾸했다.

    "아참, 혹시 박열 사건이 궁금하오?"

    "아, 네."

    "그런데 고향은 어디시오? 난 고향은 서울이고 대구에도 꽤 있었소."

    "네? 대구라고요?"

    "뭘 그리 놀라시오? 혹시 대구에 아는 사람이라도 있소?"

    "그게 아니라……. 저도 대구에서……."

    "오, 이런 도쿄 한복판에서 대구 사람을 만나다니. 정말 반갑소."

    사내는 갑자기 원록의 두 손을 움켜잡더니 흥분된 어조로 소리를 높였다. 그러다 소리를 너무 크게 냈나 싶었던지 이내 주위를 살피고는 다시 나직한 목소리로 말했다.

"조선말을 크게 해서 좋을 일이 없지. 이곳은 조선 유학생이 많은 걸 일본인들도 잘 알고 있으니 각별히 조심해야 하오. 이러지 말고, 안 바쁘면 어디 가서 차라도 한잔 합시다."

원록은 머뭇거리는 마음도 있었지만 대구 출신이라는 말에 마음이 놓였다. 그리고 사내가 박열에 대해 잘 아는 것 같아 이야기를 좀 더 듣고 싶었다. 사내는 원록의 손을 붙들고 인적이 드문 골목 안으로 들어갔다. 지진 때 무너진 도쿄의 골목들은 그들이 말하는 대일본 제국의 모습과는 영 딴판이었다. 골목은 쓰레기도 제대로 치우지 않아서 지저분했고 부모를 잃었는지 어린아이들이 누더기를 걸치고 있었다. 사내는 좁은 골목을 빠른 걸음으로 내리닫더니 조그만 책방에 가서야 발걸음을 멈췄다.

쇼슈 쇼텐(小種書店)! 작은 씨앗 서점. 이름처럼 아주 작은 책방이었다. 책방은 손님은 하나도 없고 낡은 계산대 옆에 점원한 사람만 있었다. 중앙 진열대 위에는 몇 권의 신간 서적이 전시되어 있었고 천장까지 닿는 책꽂이에는 꽤 오래된 책들이 빼곡히 꽂혀 있었다. 묵은 책들 사이로 곰팡이가 피고 있는지 특유의 습한 냄새가 작은 책방을 채우고 있었다. 한눈에 봐도 중고 서적을 함께 파는 영세한 곳이었다.

"반부츠와 오타가이니 타스케루(万物はお互いみに助ける). 만물은 서로 돕는다? 크로포트킨?"

"혹시 읽어 본 적 있소?"

"아뇨. 처음 보는 책인데요."

"그렇지요. 조선에는 아직 아나키스트들이 알려져 있지 않으니. 자, 여기 좀 앉으시오. 차 한잔 합시다."

원록은 어리둥절한 채 사내가 권하는 자리에 앉았다. 아나키스트? 크로포트킨? 원록은 어릴 때 고향 안동에서 할아버지께 동양의 고전을 익혔고, 대구로 이사 온 후에 서양 학문을 두루 익혔지만 크로포트킨이라는 이름은 처음이었다. 책이라면 남한테 뒤지지 않을 만큼 읽었다고 자부했던 원록은 자존심이 상했다. 역시 조선에 들어오는 지식들은 일본을 통해 걸러진 게 분명해 보였다. 사내는 차를 내오며 원록에게 말했다.

"그래, 도쿄에는 언제 온 거요?"

"일주일이 채 안 됐습니다. 오늘은 세이소쿠에 찾아가 보려고요."

"제때 왔소. 학기가 시작한 지 얼마 안 돼서 세이소쿠에 입학하는 건 어렵지 않을 거요."

"이미 입학은 허가받았습니다. 서류도 우편으로 제출했고요."

"그래, 뭘 공부할 생각이오? 법이나 경제를 배우러 오는 이들이 대부분인데. 의학을 하겠다는 친구들도 있고."

원록은 대답을 못한 채 망설였다. 아직 전공을 정하지 않아서였다.

"혹시 일본 육사에 들어갈 생각은 없소? 요즘 그런 친구들도 더러 있던데. 군인이 되면 권력을 잡기에는 가장 빠르지. 일본에서 가장 인기 있는 직업이 군인인 것은 알고 있소? 옛날에 사무라이처럼 지금은 군인을 영예롭게 여기고 있지."

"글쎄요. 그리고 아직 전공을 못 정했습니다. 정치 철학이나 사회학에 관심이 있습니다만."

"아, 그렇구나. 그럼 혹시 나중에 정치를 하려는 것이오? 아니면 고위 관리가 되려고? 하기는 그게 장사꾼이나 의사가 되는 것보다는 낫죠. 군인 다음으로 일본에서 알아주니 말이오."

"글쎄요. 그보다는……."

"이곳 학교에서 일본인 친구들 몇 명 알아 두면 조선으로 돌아가서 힘깨나 쓰는 사람 되는 건 어렵지 않을 거요. 도쿄가 왜 도쿄겠소? 일본인 중에도 영향력 있는 사람들만 자기 자식들을 이곳 도쿄대나 와세다대에 진학시킬 수 있다오. 그들이 나중에 일본의 실세로 성장할 거요. 여기 있다 보면 그런 친구들과 어울리는 건 어렵지 않소. 젊은 시절에 일본 귀족 친구를 알아 두면 조선에 돌아가서 좋을 거요. 내가 한번 일본인 친구 알아봐 드릴까?"

사내의 얼굴빛에 능글맞은 웃음기가 잠시 스쳤다. 상대를 떠보겠다는 의도가 역력했다.

"무슨 말이신지?"

"이곳 학교에 다니면서 일본인 인맥 잘 만들어서 세상에 이름 한번 날려 보려는 거 아니었소? 잘하면 경성에서 총독부 고위 관리가 될 수도 있고, 하하. 어떤 조선인은 총독부 국장까지 출세해서 일본인을 수하로 두기도 했다는데. 당신도 그런 걸 꿈꾸는 거 아니었소?"

"뭐라고요? 지금 날 뭘로 보시는 겁니까? 듣자 듣자 하니 더는 못 듣겠군요. 무작정 당신을 따라온 게 잘못이었습니다. 차 잘 마셨습니다."

"하하하! 이 사람 성미 좀 보게. 차는 입도 한 번 안 대 놓고 잘 마셨다니……. 하하하!"

사내는 빈정대는 것처럼 웃더니 갑자기 얼굴빛을 바꾸어 원록을 똑바로 쳐다보며 단호하게 물었다.

"그럼 당신은 뭣 때문에 여기에 온 것이오?"

"적어도 당신이 말하는 것처럼 일본의 앞잡이가 되지는 않을 겁니다. 사람 잘못 보셨어요. 당신은 나라를 팔아먹은 자들과 하나도 다르지 않군요."

원록은 자리를 박차고 일어나며 얼음장처럼 싸늘히 말했다. 원록은 모욕감을 느꼈다. 일본에 올 때 원록은 일본을 배우더라도 그들과 절대 타협하지는 않겠다고 다짐했었다. 일본을 넘어서려다 일본과 친해진 이들이 어디 한둘이었나. 원록은 그 어떤 일이 있어도 일제의 권력이나 자본의 유혹에 넘어가지 않겠다고 마음속에 경계를 늦추지 않았다. 그런데 잘 알지도 못하는 낯선 사내에게 의심을 받고 있으니 속이 부글부글 끓어오를 수밖에.

"일본의 앞잡이가 되지 않겠다고? 진심이오? 그럼 앞으로 무엇을 할 생각인 거요?"

"당신 같은 사람에게 그걸 밝힐 까닭은 없어요!"

"세상 물정 모르는 샌님 같아 보여서 한마디만 합시다. 아무 생각 없이 도쿄에서 지냈다간 언젠가 일본 편에 서게 될 거요. 그게 더 편하거든. 또 일본이 두렵기도 하고."

웃음을 거둔 사내는 자못 비장한 말투로 말했다.

원록은 더 이상 참을 수가 없었다.

"난, 일본이 아니라 선진 학문을 배우려고 왔습니다. 조선을 식민지로 만든 힘은 어디서 왔는지 알아야 우리도 힘을 기를 게 아닙니까?"

"거보시오. 일본이 지닌 힘을 얻고자 한다면 그게 바로 일본과 친해지는 거 아니오. 조선도 일본처럼 힘을 얻어서 자기보다 못한 약소국을 지배해 보고 싶다는 그런 말이 아니오?"

"아닙니다. 일본의 힘이 부당하다면 결코 따르지 않을 겁니다. 그렇지만 조선이 당장 힘이 없으니 어디에서든 배워야 할 게 아닙니까? 일본은 서양에서 들어온 지식이 조선보다 많습니다. 그러니 일본의 힘 중에 합리적인 게 있다면 익혀야지요. 딱히 배울 곳도 없으니까요."

"일본의 힘이라? 그게 무엇일 것 같소? 하하! 그건 바로 저기 황궁에서 하릴없이 연못 주위를 서성이며 레코드로 음악이나 듣는 천황, 그 작자한테서 나오는 거요. 하하!"

"천황?"

"일본의 살아 있는 신, 천황을 모르시오? 그 인간한테서 신비스러운 힘이 나온단 말이오. 일본을 하나로 만드는⋯⋯. 하하하!"

원록은 어쩔 줄을 몰랐다. 좀 전까지 의심받은 걸 생각하면 곧바로 뛰쳐나가고 싶었지만 사내가 일본 편에 선 사람은 아닌 것 같았다. 사내는 멈칫거리는 원록을 보며 옷매무새를 바로 하더니 정중하게 말했다.

"미안하게 됐소. 요즘은 사람을 알아보기가 어려워서 말이오. 조선인 유학생들 중에 자기 출세하려고 온 자들이 워낙에 많다 보니까요. 내가 한번 떠본 거요. 박열 동지 기사를 뚫어지게 쳐다보기에 우리랑 비슷할 거라고 생각은 했지만 혹시 몰라 어떤 사람인지 알고 싶었소. 나, 아나키스트 김묵*이오. 불령사**에서 활동하고 있소. 요즘에는 흑우회***도 함께 하고 있지. 박열 동지도 불령사 회원이오."

"불령사요?"

"일본놈들은 자기들을 잘 따르지 않는 조선인들을 비하해서 불령선인이라고 부르오. 불량한 조선인이라는 뜻이지. 하지만 우리한테는 그 말이 훈장이나 다름없소. 일본한테 머리 숙인 착한 조선 사람이 되는 건 우리도 용납할 수 없는 노릇이고, 그들에게 맞서고 저항할 참이었는데 마침 불령선인으로 불러 주니 고맙지 뭐요. 그래서 우리끼리 정한 이름이 불령사요."

"말하자면 의열단 같은 건가요?"

- 김묵(김정근)은 아나키스트 단체였던 흑우회, 불령사의 회원이었다. 이육사가 일본 유학을 갔을 때, 박열은 재판 중이었고, 이육사가 아나키스트 단체에 가입하여 활동했다는 김태엽의 증언이 있다. (김태엽,《항일조선인의 증언》, 불인출판사, 1984, 90-91쪽.) 김묵과 이육사의 만남은 증언에 따른 허구적인 구성이다. 참고로 김묵은 대구에 돌아와 서동성 등과 아나키스트 활동을 하던 중 검거돼어 1927년 병보석으로 풀려난 뒤 병사했다.
- 불령사는 1923년에 박열 등이 일본에서 조직한 아나키스트 단체를 가리킨다.
- 흑우회는 1922년 일본에서 만들어진 아나키스트 단체로 노동 단체와 연대했으며 친일파 테러, 일본 황태자 암살 등을 시도했다.

"당장 목표는 비슷하오. 천황을 죽이고 일본을 망하게 하는 거니까. 하지만 우리의 최종 목표는 의열단처럼 나라를 되찾는 게 아니오. 민중을 억압하는 모든 권력으로부터 자유로워지는 게 목표지."

"모든 권력으로부터 자유롭다? 멋진 말이군요."

"그러니 권력을 가진 놈들이 우릴 가만 두겠소? 늘 감시하고, 쫓아다니고, 무슨 일만 터지면 가장 먼저 붙잡아 가오. 박열 동지도 폭탄을 들여오다가 발각된 게 아니라, 지진 났을 때 갑자기 붙들려 갔소. 폭탄 계획은 나중에 알려진 거요. 놈들은 박열 동지를 대역죄로 몰아가겠지. 그리고 보니 박열 동지도 세이소쿠를 다녔더랬소. 아까 세이소쿠에 간다고 했소? 그러면 박열의 후배가 되겠습니다. 그런데 실례가 안 된다면 당신 이름을 알 수 있겠소?"

"저요? 인사가 늦었습니다. 이원록입니다. 안동에서 태어나 대구에서 학교를 다녔죠."

"안동 사람 이원록이라……. 기억해 두겠소."

사내는 웃음기를 거두고 원록을 지그시 바라보며 부드럽게 말했다. 원록은 사내의 진솔한 태도에 좀 전까지 긴장된 마음이 한층 누그러졌다.

"자, 이제 오해가 풀렸으니 차를 마저 듭시다."

원록은 다시 자리에 앉았다. 낯선 도쿄 땅에서 의식 있는 조선 사람을 만나게 되다니 원록은 속으로 다행이라고 느꼈다. 원록은 꽤 오랜 시간 책방에서 김묵과 대화를 나누었다.

아나키스트 김묵. 사실 그는 메이지 대학교에서 법을 전공한 조선인 유학생이었다. 김묵이 공부하던 일본 헌법은 독일 헌법을 참고해서 만들어진 덕분에 근대적인 체계를 갖추고 있었다. 선거를 통해 중의원을 뽑아 의회를 구성하고, 사법과 행정을 분리시킨 것은 여느 선진국 법률 못지않았다. 그뿐만 아니라 언론, 출판, 집회, 결사의 자유까지 보장하는 등 근대적인 기본권마저 두루 인정하고 있었다.

그런데 공부를 하면 할수록 김묵에게 도저히 받아들일 수 없는 게 있었다. 바로 천황에 관한 것이었다. 일본인들은 헌법을 천황이 내려 준 선물이라고 믿었다. 그들은 자신들이 누리는 기본권도 모두 천황의 은혜라고 여겼다. 의회는 허수아비일 뿐, 법을 만들고 결정하는 것은 천황의 고유 권한이며, 군대를 통솔하는 힘도 천황이 쥐고 있었다. 일본 헌법 1장 1조는 천황이 일본 제국을 통치한다고 규정해 놓았고 1장의 다른 조항들도 천황이 전쟁과 조약까지 결정한다고 밝히고 있었다. 심지어 천황은 신성한 존재이므로 어떤 이유로든 그 권리가 침해되어서는 안 된다고 못을 박아 놓았다. 일본인에게 천황은 살아 있는 신이나 다름없었다. 천황은 일본의 종교였고, 일본은 신이 다스리는 나라나 마찬가지였다.

근대적인 법이 있었지만 천황은 법 위에 있었다. 천황이 일본이고, 일본이 천황이었다. 일본인은 천황이 정해 준 일을 따르는 게 자신의 삶이라고 여긴다. 침략도, 전쟁도, 살인도, 억압이나 착취도 천황이 정한 일이라면 거리낌 없이 명예롭게 수행하는 게 일본인이다. 심지어 그들은 지진 때 미치광이 폭도가 되어 조선인을 살육한 것도 천황을 위한 일이라고 여긴다.

김묵은 기억한다. 지진이 일어나 여기저기 불이 났을 때 천황의 사진을 구하기 위해 불타는 건물로 뛰어 들어가던 일본인들을. 그리고 끝끝내 천황의 사진을 구하지 못했다고 자결한 이들까지. 그뿐만이 아니다. 천황이 하사한 글귀를 잘못 외웠다고 자살한 군인도 있었고, 자식 이름을 우연히 천황 이름과 똑같은 히로히토라고 짓고 나서 뒤늦게 천황을 모욕했다며 스스로 아이와 함께 동반 자살한 아버지도 있었다.

일본은 문명국이 아니었다. 겉으로는 합리적으로 보여도 사실은 천황에 무작정 충성을 다하는 나라, 천황이라는 허황된 권력을 만들어 놓고 그것을 받드는 미신의 나라, 그게 일본이었다. 법률은 그저 그 미신이 잘 작동하게 기능하는 수단에 불과했다.

일본은 천황의 거대한 기계나 다름없었고 일본인들은 기계 부품이 되어 효율적으로 기능할 뿐이었다.

김묵은 일본의 기계가 될지, 아니면 조선으로 돌아갈지 망설였다. 그렇게 고민하던 때, 그에게 다가온 사람들이 있었다. 아나키스트, 불령사. 천황의 거대한 일본 기계를 폭탄으로 산산조각 내 버리자고 나선 사람들이었다.

아나키스트. 일본인들은 그들을 무정부주의자라고 불렀다. 아나키즘은 인간이 자연 상태에서 선한 본성을 지니고 있기 때문에 서로 돕는 공동체를 구성할 수 있다는 신념이었다. 크로포트킨의 말처럼 만물은 서로를 돕는 본성이 있으니 그 본성만 유지하면 인간은 행복하고 만족한 삶을 살 수 있다는 것이다.

그런데 언젠가부터 관습과 제도, 권력이 생겼고, 국가가 만들어지면서 인간은 타락했다. 권력으로 남을 지배하고 정복하는 걸 당연시하는 분위기가 만들어졌다. 만약 인간이 잃어버린 선한 본성을 되찾으려 한다면 국가를 해체하고 권력을 무너뜨려야 한다. 이게 아나키즘의 이상이다. 당장은 일본이라는 국가 기계를 해체해야 한다. 천황의 일본 기계를 때려 부수는 게 조선인에게도, 일본인에게도 인간답게 사는 길이다.

원록은 혼란스러웠다. 일본에 건너온 까닭이 무엇이었나? 조선에는 없고 일본에 있는 힘의 근원을 알고자 했다. 보다 발전된 지식이나 학문을 배우고 익혀서 조선을 일본에서 벗어나게 만드는 게 목표였다. 그런데 김묵의 말을 들으니 일본은 배울 게 없는 나라였다. 천황이 지배하는 나라라고? 민주주의 국가도 아니고, 사회주의는 더더욱 아닌 나라. 천황이 모든 것을 결정하는 나라. 이건 중세의 봉건 국가보다도 더 봉건적인 나라가 아닌가.

"그럼 조선을 침략한 것도 천황의 뜻이었나요?"

"그렇죠. 그런데 사실 천황의 뒤에는 사무라이와 장사꾼이 있소."

"그게 무슨 말씀인지?"

"지금 천황은 사무라이들과 장사꾼들이 만들어 낸 거요. 본래 일본은 계층 사회요. 가장 위에 쇼군이 있고, 그 아래 쇼군의 지배를 받는 다이묘와, 다이묘를 호위하는 사무라이, 그 밑에 농민들이 있었소. 가장 천한 계층이 장사꾼이었지. 물론 그때도 천황은 있었소. 하지만 실질적인 힘은 쇼군에게 있었지. 한동안 일본인들은 천황과 쇼군의 이중적인 지배를 받아야 했소. 그런데 백여 년 전, 멸시받던 장사꾼들이 배고픈 사무라이들을 도와서 두 계층이 하나로 힘을 모았고 이들이 자신들의 걸림돌, 쇼군을 없애 버렸소. 오로지 천황에게만 충성을 다하게 된 거요. 그러니 지금 천황은 사무라이와 장사꾼들이 만들어 준 거나 다름없소."

"그럼 조선을 식민지로 만든 것은 사무라이와 자본가들이란 이야기인가요?"

"그렇소. 조선이 식민지가 된 것은 일본 자본가들의 탐욕 때문이오. 이놈들은 자기들을 세계에서 가장 최고의 존재로 만들려는 헛된 야망이 있소. 워낙 천대를 받아서 그런 건지."

"그럼 실제로 천황이 하는 일은 없는 건가요?"

"아니오. 일본인들은 그렇게 생각하지 않소. 그들은 모든 것을 천황이 정해 준다고 믿으니까. 천황은 가장 위에서 가장 아래까지 일본인들을 적당한 위치에서 일하게 한다오. 아까 말했지 않소? 일본은 천황의 기계나 마찬가지요. 실제 일은 사무라이와 장사꾼들 그러니까 군대와 자본가들이 하지만 천황은 일본인들에게 존재의 의미를 부여하고 살아갈 동기를 주지."

"스스로 생각하지 않는다는 겁니까?"

"그들은 뇌가 없는 자들이나 마찬가지요. 자기 의지가 없지. 그러니 침략이 나쁜 줄도 모르고, 반성도 하지 않는 거요. 살인을 명예롭게 여기고 할복을 자랑거리로 여기지 않소?"

"일본이 유럽처럼 근대화되어서 민주주의 국가라고 생각했는데……."

"일본인들은 스스로 판단하길 싫어하오. 옳고 그름도 없고, 정의도 없소. 오로지 천황의 의지만 있을 뿐. 유럽에서는 왕을 죽여서 민주주의가 이루어졌지만 일본은 천황을 죽인 적이 없으니 앞으로도 민주주의는 없을 것이오. 일본인들 스스로 천황을 죽이지 못하니 우리가 죽여 줄 수밖에. 천황이 사라지면, 일본인들은 위에서부터 흔들릴 것이고 그럼 일본인들도 자기 위치란 게 거짓인 것을 알게 될 거요. 우리는 천황을 죽일 것이오. 조선을 위해서 그리고 일본을 위해서도 말이오."

김묵의 눈빛이 강렬해졌다. 목소리가 칼날처럼 단호하게 느껴졌다.

"저는 아직 잘 모르겠습니다. 일본이라는 나라는 꽤나 복잡하군요."

"하하. 복잡할 거 없소. 천황을 잡으면 일본은 스스로 무너질 것이오. 우리 일에 관심이 있으면 꼭 한번 들러 주시겠소? 우리 아나키스트는 개인의 자유의사를 존중해서 강요는 하지 않소. 마침 이번 주 토요일 저녁에 모임이 있는데 관심 있으면 이곳으로 오시오."

"네. 고맙습니다. 제가 배울 게 많은 것 같습니다. 처음 보는 분께 실례 많았습니다."

"그렇소? 난 동지를 한 명 얻은 거 같아서 마음이 뿌듯하오. 위태한 섬에서 빛난 별 하나를 만난 듯 싶소. 조심하시오. 세이소쿠나 킨조에는 스스로 일본의 기계 부품이 되지 못해 안달 난 작자들이 적지 않소. 그들과 섞이면 옳고 그름을 판단하기 어려울 거요. 요즘 도쿄에는 하루하루 악귀가 늘어 가고 있다오."

한 토막 꿈조차 못 꾸고 다시 동굴로

"박열이 결국 대역죄로 사형을 구형받았더군. 가네코 후미코였나? 감옥에서 결혼했다는 그 여자도 사형당할 거라더군. 독립운동한다는 사람이 일본 여자랑 놀아나다니, 거참."

"미치광이들한테 뭘 그리 신경을 쓰나? 쥐뿔도 없는 작자들이 세상 한번 바꿔 보겠다고? 그런 자들은 조선을 더 어렵게 만들 뿐이야. 천황을 죽이겠다고? 내 원 참. 자기 죽는 줄도 모르고 그런 엄청난 일에 덤비기는……."

"그러게. 그래도 좀 안타깝지 않나? 같은 조선인인데."

"같은 조선인이라고? 어떻게 같은 조선인인가? 그런 작자들 때문에 우리까지 욕을 먹고 이렇게 힘들지 않나? 일본인들 인심이 사나워진 건 그런 불량한 조선인들 때문이지. 자네는 그런 작자들이 주장하는 게 말이 된다고 보나? 아나키즘이라니. 권력도 정부도 없다는 게 말이 되나? 애송이 선동가들이 따로 없네."

"맞아. 그런 선동가들만 없었어도 지진 때 조선인들이 그렇게 허무하게 죽지는 않았을 텐데. 사회주의니 아나키즘이니 하도 설치고 다니니까 지진 난 김에 모조리 죽여 버린 거지. 평소에 그냥 고분고분 얌전히 지냈으면 그런 끔찍한 일이 있었겠나?"

"젊을 때 객기 한번 부리는 거지. 정의롭고 멋져 보이니까. 다한 때야. 이광수를 봐. 2.8 독립 선언서 쓸 때는 마치 목숨이라도 내놓을 것처럼 지껄이더니 요즘 좀 시들하지 않나? 언젠가는 우리보다 더할 걸세. 친일 앞잡이 노릇을 톡톡히 할걸."

"기미년에 있던 사건 기억하나? 이제 그런 일은 절대로 하지 말아야 하네. 2.8 독립 선언이나 3.1 만세 불러서 조선이 얻은 게 뭔가? 그 난리를 피워서 조선인이 얼마나 죽고 다쳤는데. 끔찍한 일이네. 일본인들과 잘 지내면 그런 개죽음을 당하지는 않을 텐데. 비굴하면 좀 어떤가? 살아 있는 게 감사하지. 그리고 조선이나 일본이나 어느 나라에 산들 알게 뭔가? 오히려 일본이 다스려 주니 치안도 안정되고 좋지 않나? 괴롭히는 관리도 없고, 세금도 적당히 떼 가고. 일본어만 능숙하게 하면 좋으련만. 난 왜 이렇게 일어가 잘 안 되는지 몰라."

"자네 일본말 잘하질 않나?"

"그게 아니라 좀 더 전문적인 일본어를 하고 싶다 이걸세. 뼛

속 깊이 일본인이 되는 게 내 소원일세 그려. 그래야 조선에 돌아가서 무시 안 당하고 존경받으며 살 거 아닌가?"

"이런 못된 친일파 같으니라고. 하하. 말조심하게. 여기에 아직도 박열을 영웅시하는 잔당들이 많이 남아 있네. 밤길 조심해야 돼. 그나저나 저 원록이라는 사람 어떤가? 우리 쪽 사람이면 좋고, 아니면 언제 한번 따끔하게 손을 봐 줘야지. 안 그래?"

　원록이 도쿄에 온지 벌써 두 달이 훌쩍 지났다. 그간 원록은 킨조 예비 학교와 세이소쿠 예비 학교, 이렇게 두 곳에 학적을 두고 있었다. 대구에서 친구들이 돈을 보내왔지만 언제까지나 친구들에게 기댈 수 없어 시간을 쪼개 서둘러 예비 학교를 마치고 대학에 진학할 생각이었다. 이미 니혼 대학 문과 전문부에도 입학 서류를 내 놓았다.

　세이소쿠와 킨조에는 조선인 유학생들이 무척 많았다. 대학 입학을 준비하는 학교인 만큼 수업은 어학과 교양을 중심으로 이루어졌다. 유학생 중에는 좋은 집안 출신이 꽤 많았다. 이들은 학기를 잘못 맞춰 왔거나 어학 실력이 모자라서, 혹은 일본 사회에 적응하기 위해 예비 학교를 다녔다. 지금 원록의 앞에서 히히덕거렸던 두 사람도 일본어가 서툴러 세이소쿠를 다니고 있었다.

두 사람은 원록을 향해 다가왔다.

"어, 이원록. 잘 지내나? 소식은 들었나? 박열이 사형을 받았다더군. 어찌 생각하나?"

"글쎄. 요즘 공부하느라 바빠서 신문 읽을 시간이 있어야지."

"그래도 천황을 암살하려던 조선의 영웅 박열이 대역죄로 사형이 구형됐다는데 관심을 좀 가져야 하질 않나?"

"학교를 두 군데 다니려니 바빠서 말이야. 그럼 자네들 생각은 어떤가?"

"우리? 우리는 그저……."

키 작은 사내가 말을 잇지 못하고 우물쭈물하자 키 큰 사내가 말을 이어받았다.

"개인적으로 박열이 참 안 됐지. 우리하고도 강의를 같이 들었으니까. 하지만 어리석었다고 보네. 일본이 어디 쉽게 망할 나라인가? 천황 하나 없앤다고 달라질 일본도 아니고 말이야. 지금 일본은 쑥쑥 커 가는 거인이잖나? 서양 제국주의를 막아 내는 든든한 우산이 되어 주고 있고. 안 그래? 자네 생각은 어떤가?"

"잘 들었네. 난 머리가 복잡해서 나중에 기사를 보고 천천히 말하지."

원록은 두 사람이 자기를 떠보는 것을 간파하고 애매하게 대답했다. 괜히 시비에 말려들기 싫었다. 원록은 두 사람이 마뜩

잖았다. 학교에 처음 왔을 때 조선인 유학생끼리 따로 인사하는 자리가 있었지만 원록은 그 자리가 영 불편했다. 악귀가 날마다 늘어 간다는 김묵의 충고처럼 유학생 모임에는 친일의 냄새가 짙게 드리워져 있었다. 유카타를 걸치고 게다를 끌며 퇴폐적인 가부키를 즐기는 유학생의 모습은 입만 다물면 영락없는 일본인처럼 보였다.

"자네, 너무 공부만 하는 거 아냐? 사람이 가끔 어울리기도 해야지 않겠어? 일어도 잘하고, 영어도 꽤 하던데. 그만하면 좀 쉬면서 하질 그래."

키 작은 사내가 비실비실 웃으며 원록에게 얼굴을 들이대며 물었다.

"내가 너무 바빠서 말일세. 혹시 두 사람 중에 괴테의 《파우스트》를 가진 사람 있나? 악마에게 영혼을 팔았다는 흥미로운 설정이던데. 대출 기간이 끝나서 책을 반납해야 하거든. 아직 다 못 읽었는데 과제가 월요일까지라서."

"쉬엄쉬엄하게. 악마에게 영혼을 팔았다? 어째 좀 으스스하군. 그리고 자네 내일 저녁에 유학생 모임이 있는 건 알고 있지? 이번에는 좀 나오게. 얼굴 좀 들이밀면 자네한테도 좋지 않나? 도쿄대나 와세다대 친구들도 볼 수 있으니 인맥 넓히기에도 딱이야. 스시에 따뜻한 사케도 즐기고."

"스시에 사케라? 난 커피 한 잔이면 충분하네. 글 읽을 때는 최고지."

"자네도 모던한 면이 있군 그래. 커피를 즐기고 말이야. 그건 그렇고. 괜히 신문 배달이나 하면서 겨우겨우 학교 다니는 치들과 어울리지 말게. 자네도 봐서 알겠지만 이곳도 예전하고는 달라. 밑바닥에서 뒹굴던 치들은 사라지고 번듯한 조선인들이 많아졌네. 이젠 독립이네 뭐네 안 떠들어서 좋네. 좀 살 것 같단 말이야. 그나저나 악마에게 영혼을 파는 설정이라고? 악마가 일본처럼 힘만 세다면 영혼을 팔아도 될 것 같은데. 하하하!"

원록은 눈썹이 일그러졌다. 갑자기 시모노세키의 검고 차가운 밤바다가 떠올랐다. 일본으로 건너올 때, 어두운 밤바다에 음흉한 욕망이 도사리고 있지는 않을까 염려하던 바로 그 바다였다. 그런데 그 검은 바다에 똬리를 튼 게 일본이 아니라 일본의 하수인을 자처하겠다는 유학생들은 아닐까 하는 생각이 들었다.

원록은 혼란스러웠다. 일본에 온 지 두 달. 학교를 다니며 유학생들을 접했지만 그 분위기는 원록이 기대했던 것과는 사뭇 달랐다. 아무리 자기 이익을 앞세우는 유학생들이 늘었다고 해도 그들 중에는 여전히 조선의 앞날을 걱정하는 이들이 있을 거라고 기대했었다. 일본으로 유학 올 정도면 경제적으로 넉넉한 것은 둘째 치고 전문 학교를 졸업하거나 적어도 고등 보통 학교를 우수한 성적으로 졸업해야 했으니, 유학생이라면 지식인이 거나, 적어도 지식인이 될 소양을 갖춘 이라고 여겼었다. 이렇게 이기적인 이들로 가득할 줄은 미처 알지 못했다.

얼마 전 원록은 카페에서 커피 한 잔을 마시고 나서다 충격적인 장면을 보았다. 사케를 데워 주고 오뎅과 덴푸라를 파는 술집 앞이었다. 서너 명의 일본인이 조선인으로 보이는 한 청년과 시비가 붙은 모양이었다. 얼핏 보기에 계산 때문에 벌어진 사소한 일 같았다. 술 취한 일본인들이 조선인 청년을 빙 둘러 세운 채 윽박지르고 있었다. 그들 중 한 사내가 조선인 청년의 멱살을 잡더니 따귀를 수차례 때리기 시작했다. 나머지 일본인들은 팔짱을 끼고 히죽거리며 그 광경을 흥미롭다는 듯이 지켜보고 있었다. 사내는 계산 하나도 제대로 못하니 조선인이 욕을 먹는 거라며 폭행을 멈추지 않았다.

"죄송합니다. 죄송해요."

"코노 조센징! 바카야로가!(この朝鮮人!馬鹿野が! 이 조센징 멍청한 놈이!)"

그는 발길로 청년을 넘어뜨리더니 수차례 발로 밟았다. 원록은 조선인 청년이 일본인들에게 둘러싸여 곤욕을 치르는 것을 보자 심장이 부르르 떨렸다. 원록은 그들에게 다가갔다. 일본인들을 진정시키고 조선 청년을 구하고 싶었다. 그런데 정작 그들과 마주 섰을 때 원록은 너무 놀라서 더 이상 움직일 수가 없었다. 유카타를 입고 일본어를 유창하게 구사하면서 조선 청년을 폭행하던 사람은 다름 아닌 조선인 유학생이었다.

그는 킨조 예비 학교에 다니는 조선인 유학생이었다. 킨조를 다니는 유학생이라면 그를 모르는 이가 없었다. 그는 예비 학교를 졸업한 뒤, 법학을 배워 조선으로 돌아가 약자들을 보호하는 게 꿈이라고 말하고는 했다. 그런데 지금 눈앞에 있는 이 친구는 나라 잃은 식민지 청년의 따귀를 때리며 일본인 친구들과 함께 자기 동포를 멸시하고 있었다.

"오마에와 모우 니혼징니 낫탄다나!(お前はもう日本人になったんだな! 너도 이제 일본인 다 됐구나!)"

옆에 있던 일본인들이 그의 어깨를 두드리며 흐뭇하게 웃었다. 이제 막 걸음마를 뗀 아이에게 부모가 격려라도 하는 것처럼.

그날 이후 원록은 다수의 유학생이 민족 문제에 관심이 없거나 반민족적이라는 것을 깨달았다. 끼리끼리 이야기하는 걸 들어 보면 주말 동안 이름난 료칸에서 한가롭게 온천욕을 즐기는 친구도 있었고, 일본인들과 어울려 스모를 구경하러 가는 이도 있었다. 심지어 어떤 유학생은 게이샤가 있는 거리인 하나마치에 들락거렸다. 게이샤는 조선으로 치면 값비싼 기생이나 다름

없는데도 말이다.

물론 도쿄에는 아직까지 의식 있는 청년들이 있다. 하지만 언제까지 가능할까? 일본의 지배가 벌써 10년을 훌쩍 넘었다. 시간이 흐르면 흐를수록 유학생들은 조선이 아니라 일본을 선택할 것이다. 어쩌면 일본 유학은 선진 학문을 익히는 게 아니라 완전한 일본인으로 거듭나기 위한 과정일지 모른다. 그들이 조선에 돌아가면 법학, 정치학, 철학 심지어 역사와 언어까지 조선의 흔적을 지우고 일본을 이식하겠지. 조선은 열등하고 일본은 우수하다는 생각을 널리 퍼뜨리면서 조선적인 것을 철저히 말살할 것이다. 사악한 친일의 거미줄을 짜 놓고 조선의 정신을 하나둘씩 낚아챌 게 뻔하다.

그렇다면 원록 자신은? 원록은 스스로에게 질문을 던져 보았다. 과연 이곳에 머물면서 타락하지 않을 자신이 있는가? 일제에 찬동해서 자기 이익만 조용히 기다리는 사악한 거미가 되지 않을 자신이 있는가?

한 가지는 분명했다. 일본에 오래 머물러서는 안 된다. 그러다가는 스스로 사악한 거미가 되거나 아니면 거미의 먹이가 될게 분명하다. 서둘러 공부를 마쳐야 한다. 세이소쿠와 킨조, 두 학교에서 배울 수 있는 것들은 모조리 다 들어야 한다. 그리고 일본의 정치나 사회도 익혀 두자. 그래야 그들의 약점을 찾을 수 있다. 무엇보다 서둘러야 한다. 언제 일본과, 그들에게 감염된 조선인 유학생에게 포섭될지 모르니.

계절은 어느덧 늦가을로 접어들었다. 원록은 가끔씩 조시가야구에 있는 쇼슈 쇼텐에 들렀다. 불령사나 흑우회에 가입한 것은 아니지만 그들과 섞여 이야기를 하는 게 학교를 다니는 것보다 마음이 편했다. 모임에서는 주로 바쿠닌과 크로포트킨 등 아나키즘 이론가들의 책을 읽고 토론하는 시간을 가졌다.

"원록 동지도 모임에 정식으로 가입하는 게 어때요?"

세이소쿠에 함께 다니는 이홍근이었다.

"홍근 동지. 우리 모임은 가입하고 안 하고가 중요한 건 아니오. 그리고 아나키즘은 어디까지나 개인의 자유의사를 중요하게 생각하니 서로 부담을 주지는 맙시다. 원록 동지! 요즘 니혼 대학은 다닐 만하오? 교수 중에 사상 문제로 조사받는 사람도 있다던데."

김묵이었다. 그는 첫인상과는 달리 모임 사람들 중 가장 부드럽고 온화한 성격이었다.

"얼마 전부터 철학을 강의하던 분이 학교에 나오질 않습니다. 현대 철학에서 마르크스를 설명한 적이 있는데 누군가 당국에 신고를 했나 봅니다."

"원록 동지도 조심해야겠소. 요즘 당국에서 우리를 주시하고 있는 것 같아요. 박열 동지 재판도 끝나 가고 아마 대대적으로 단속을 할 모양이오. 다들 조심해야 할 거요."

"자, 이번 안건은 일본에 군사 헌금을 냈던 친일파 박모를 응징하는 일이오. 그자가 지금 도쿄에 와 있다고 하니 따끔한 맛을 보여 주는 게 어떻소?"

모임 중에 가장 연장자인 정태성이 말을 꺼냈다.

"대체 얼마나 헌금을 했다고 합니까?"

대구 출신 서상한이 대뜸 물었다.

"이만 원이 넘는다고 들었소."

"이런 제길. 그 돈으로 폭탄을 사 왔으면 일본을 통째로 날릴 수도 있었을 텐데."

서상한은 몹시 분하다는 듯이 허공에 주먹을 날리며 말했다.

"그런 매국노는 본때를 보여 줍시다."

"난 반대요. 테러는 한계가 있고, 괜히 우리를 노출시켜서 운동을 곤란하게 할 수 있어요."

김묵이 반대를 하고 나섰다.

"그럼, 그런 놈을 그냥 두자는 말씀이오?"

정태성이 약간 흥분한 듯 목소리를 높였다.

"요즘 같은 때 잘못하면 더는 운동하기 어렵습니다. 우리 운동은 조선인이든, 일본인이든 노동자와 농민처럼 약자들이 서로 연대해서 권력에 맞서는 게 아닙니까? 테러는 권력에 타격을 줄 수 있지만 그것으로는 한계가 있어요. 서로 연대할 방법을 찾는 게 더 중요합니다. 지난번에도 말했듯이 소규모 자립 공동체를 만들어 가는 게 우선입니다. 식민지 자본주의에서 벗어날 길은 거대 자본을 멀리하고 공동체의 경제적 자율성을 확보하는 겁니다.”

“그걸 누가 모릅니까? 지금 여건이 안 되잖소. 그리고 친일한 놈을 그냥 둬야 합니까? 놈들도 누군가에게 당한다는 걸 똑똑히 봐야 인민들도 연대할 마음이 생길 거 아니오? 놈을 칩시다.”

대구 사람 서동성이 정태성을 거들며 말을 이었다.

“음. 알겠어요. 하지만 김묵 동지 말도 틀린 게 없소. 그럼 늘 그랬듯이 이번 일도 희망하는 동지들만 나섭시다. 괜히 우리까지 분열해서 되겠소?”

갈등이 커질 것을 염려한 것인지 정태성이 흥분을 가라앉히며 말을 이었다.

“알겠소. 대신 꼭 조심한다고 다짐해 주시오. 박열 동지도 감옥에 있는데 더 이상 희생이 있어서는 안 됩니다. 부디 몸조심해야 합니다.”

원록은 모든 대화를 조용히 듣기만 했다. 그는 김묵이 옳다고 생각했다. 원록은 아나키스트가 테러 외에 현실적인 대안을 찾지 못하는 것 같아 늘 안타까웠다. 치고 빠지는 게릴라 전술은 상대에게 타격을 줄 수 있지만 대중의 마음을 얻기에는 한계가 있었다. 김묵의 말처럼 소규모 공동체 운동을 하는 게 당장은 답답하더라도 멀리 본다면 옳은 일이다.

가장 먼저 할 일은 대중을 만나 의견을 서로 나눠야 한다. 하지만 당국의 감시가 심하니 글을 써서 소통하는 게 현실적이다. 그런데 그마저도 쉽지 않다. 검열이 까다로워서 자칫 아나키즘을 소개했다가는 당장 검거되지 않아도 경찰이 굶주린 사냥개처럼 주위를 맴돌 게 틀림없다. 게다가 대중들이 상호 부조, 생산 수단 같이 어려운 개념들을 어찌 이해한단 말인가?

사람의 마음을 움직일 수 있는 글, 동시에 당국의 눈에 잘 띄지 않는 글. 그것은 무엇일까? 얼마 전부터 원록은 이 문제에 골몰했다. 그때 원록의 가슴에 떠오르는 게 있었다. 어린 시절 할아버지께 배웠던 한시들. 그것들은 논어와 맹자 같은 경서보다 딱딱하지 않았고 쉽게 마음으로 다가왔었다. 맞다. 사람의 마음을 얻는 데에 시만 한 게 없다.

원록은 안동에서 보낸 어린 시절을 떠올렸다. 그 시절 동네에서는 시를 잘 짓는 아이를 뽑아 상을 주고는 했었다. 상을 받은 아이의 집은 온 마을에 음식을 돌리며 기뻐했고, 마을 사람들은 시 짓기로 하나가 되었었다.

바로 그거다. 시를 쓰는 것, 그것은 사람의 마음을 움직여 하나로 모으는 마력이 있다. 칼을 한 번 휘두르는 것보다 영혼을 사로잡는 시 한 편이 더 위력적이다. 달려드는 표범 앞에서도 물러서지 않는 자세로 묵묵히 한 편의 시를 쓸 수 있다면, 수백 발의 총탄보다 강력한 힘이 될 것이다. 어쩌면 천황을 무너뜨리는 것은 폭탄이 아니라 단 한 편의 시일 수 있다. 단 한 편의 시, 그것을 쓰기 위해 삶을 갈고닦아야 한다.

"원록 동지. 어떻게 생각하오? 우리가 하는 일들을?"

모임이 끝나고 하숙집으로 돌아가는 길이었다. 어느새 뒤쫓아왔는지 김묵이 바로 옆에 와 있었다. 본래 서점 옆에서 하숙을 하고 있었는데 웬일인지 원록을 뒤쫓아 왔다.

"의로운 일이지요. 하지만 방법에는 한계가 있는 것 같습니다. 일시적이고요."

"나도 그렇게 생각하오. 뭔가 돌파구가 없을까요?"

"마음을 움직여야지요. 대중의 마음을 움직여야 운동이 더 커질 테니까요."

"어떻게? 지금으로서는 모임을 갖는 것도 위험한데요."

원록은 김묵의 얼굴을 바라보며 나직하게 말했다.

"글은 어떨까요? 박열 동지가 가네코 후미코의 마음을 움직였던 것처럼 말입니다."

"아, 그 시! 그렇군. 마음을 움직이는 데에는 시만 한 게 없었지. 후미코가 박열 동지의 〈개새끼〉를 읽고 찾아왔었으니까. 맞소! 박열의 시가 영혼을 사로잡는 힘이 있었지. 원록 동지 덕에 박열의 〈개새끼〉가 떠오르는군요. 원록 동지 말이 맞소. 시가 칼보다 낫겠소."

　　나는 개새끼로소이다.
　　하늘을 보고 짖는
　　달을 보고 짖는
　　보잘것없는 나는
　　개새끼로소이다

　　높은 양반의 가랑이에서
　　뜨거운 것이 쏟아져
　　내가 목욕을 할 때
　　나도 그의 다리에다
　　뜨거운 줄기를 뿜어 대는
　　나는 개새끼로소이다.
　　- 〈개새끼〉, 박열.

"참 재미난 시였소. 천대받고 억압받는 개지만 어떻게든 높은 양반에게 되갚아 주려는 게 박열다웠지. 우리가 지금은 일본과 천황한테 억압받고 있지만 언젠가 그자의 면상에 오줌을 갈겨 줄 일이 생길 거요. 시를 외우니 기분이 한결 나아졌소. 나한테도 박열 동지 같은 재주가 있으면 좋으련만. 오늘따라 박열 동지가 더 그립소. 후미코를 사로잡은 매력이 부럽기도 하고. 원록 동지는 시를 써 보았소?"

"아니오, 아직. 하지만 어차피 총이나 칼을 쓴 적도 없으니 시를 써 볼까 생각 중입니다."

"남들은 감상적이라고 해도 난 원록 동지를 믿소. 앞으로 좋은 시를 써 보시오."

원록은 김묵이 누구보다 현명한 사람이라는 생각이 들었다. 하지만 뒤돌아서서 걸어가는 김묵의 모습은 어쩐지 쓸쓸해 보였다.

그날은 종일 비가 오고 있었다. 겨울이 성큼 다가와 학기가 끝날 무렵이었다. 초겨울이었지만 기온이 갑자기 떨어져 날씨가 싸늘했다. 원록은 가끔씩 뒤를 돌아보며 서점으로 향했다. 보름 전부터 분위기가 심상치 않았다. 이홍근과 서동성 동지는 누군가가 미행하는 것을 느꼈다고 했다. 김묵의 말처럼 박열 재판이 마무리되자 일제는 사상이 불순한 자들을 잡아들이려고 계획하고 있었다. 당시 일본에서는 아나키즘 외에도 공산주의자들이 노동 운동을 진행하고 있어서 당국은 사회 운동의 뿌리를 뽑을 작정이었다. 흑우회도 이런 점을 느끼고 앞으로 모임 횟수를 줄이거나 당분간 모임을 갖지 않을 예정이었다.

이날은 일본인 아나키스트 이와사 사쿠타로와 가토 이치부가 강연을 하러 오는 자리였다. 두 사람은 아나키즘을 일본에 소개한 학자이자 운동가였다. 원록은 여느 때와 같이 서점 앞에서 신호를 보냈다. 아무런 응답이 없었다. 문을 열어 보려 했다. 그러나 문은 열리지 않았다. 건물 모퉁이 골목 쪽에서 인기척이 났다.

"누구요?"

아무 대답이 없이 빗소리만 들릴 뿐이었다. 하지만 원록의 예민한 눈에는 모퉁이 쪽에서 그림자가 나타났다 사라졌다 반복하는 게 분명히 보였다. 지난번에 이홍근, 서동성 동지가 미행당했다는데 혹시 경찰일까? 원록의 심장이 두근거렸다. 그때였다. 어디선가 재빠른 손길이 원록을 잡아끌었다. 김묵이었다.

"조용!"

"놈들이 여기에 밀정을 깔아 놨소. 아마도 사쿠타로와 이치부를 미행하던 놈들일 거요! 벌써 두 사람은 연행된 것 같소. 이제 일본에서 활동하는 게 쉽지 않을 것 같소. 난 서동성, 방한상 동지와 함께 조선으로 돌아갈 것이오."

"아니 그럼 여기서 흑우회는 끝입니까?"

"그건 아니오. 훗날을 기약하자는 거요. 우리는 대구로 갈 거요. 원록 동지는 일본에 온 지 얼마 안 됐고 아직 학교도 잘 다니고 있는 것 같아서 미리 말하지 못했소. 사실은 오늘 모임이 끝나고 말하려던 참이었소. 내가 서동성 동지랑 먼저 조선으로 건너갈 거요. 대구에 오게 되면 그때 다시 만납시다."

"그럼 지금 어떻게 해야 합니까?"

"나도 잘 모르겠소. 사복 입은 경찰들이랑 자경단 놈들이 근처에 깔렸으니 조심하시오."

김묵은 원록의 손을 꼭 잡았다. 차가운 빗물이 떨어졌지만 그의 손끝은 뜨거웠다.

"우선 집으로 돌아가시오. 붙잡히지 않게 조심하고, 잡히면 모임에 대해서는 일절 이야기하지 맙시다. 차라리 붙잡히면 학생이라고 둘러대시오. 원록 동지는 신원이 확실해서 놈들이 의심하지 않을 거요."

"어쩔 셈이신가요?"

"난 오늘밤 도쿄를 빠져나가 상황을 봐서 조선으로 가는 배를 탈 것이오. 몸조심하시오."

그때였다. 맞은편 골목에서 또다시 수상한 움직임이 느껴졌다. 원록의 살갗이 바짝 곤두섰다. 맞은편 쪽에서는 이쪽 눈치를 보는지 다시 조용해졌다. 아마도 놈들은 주위를 살피며 사람들이 모이기를 기다리는 것 같았다. 일망타진이라도 할 기세였다. 원록은 김묵을 돌아봤다. 하지만 그는 사라지고 없었다. 좀 전의 수상한 움직임도 반대편을 향해 뛰기 시작했다.

김묵은 무사할까? 원록의 마음에 두려움이 일었다. 그러나 원록도 그 자리에 오래 머물 수 없었다. 누군가가 또다시 맞은편 쪽에서 어른거리기 시작했다. 원록의 발걸음이 빨라졌다. 그러자 상대편도 빠르게 움직이기 시작했다. 원록은 골목이 마주치는 교차로에 이를 때마다 서둘러 방향을 틀었다. 그리고 움직임을 따돌렸다는 생각이 들자 빗길을 마구 뛰기 시작했다. 누군가 쫓아오는 소리가 들렸다. 그러다가 멀어지고 다시 가까워지기를 반복했다.

그날 밤 원록은 어딘가로 들어가지 못하고 한밤 내내 도쿄 거리를 헤매었다. 쫓아오는 이들을 따돌리기 위해 하숙집으로 바로 들어갈 수가 없었다. 비는 그치지 않고 쏟아졌다. 초겨울의 비는 밤바다처럼 차가웠다.

원록은 그날 새벽이 되어서야 집으로 돌아왔다. 다행히 더는 미행이 쫓아오지는 않았다. 그러나 그날 이후 원록은 앓기 시작했다. 열병이 났다. 한밤 내내 차가운 비를 맞으며 쏘다닌 까닭이었다. 조선에서도 열병이 난 적이 가끔 있었다. 그때에는 앓다가도 금방 자리를 떨치고 일어났다. 어머님이 곁을 지켜 주었고 결혼한 뒤로는 아내가 있었다. 하지만 이국 땅에서 원록을 딱히 돌봐 줄 사람은 없었다.

차가운 비를 흠뻑 맞은 까닭인지 열병이 심하게 왔다. 앓고 있는 순간에도 원록은 누군가에게 쫓기는 듯 괴상한 소리를 허공에 질러 댔다. 하숙집 주인은 귀신에 씌었다고 생각했는지 두려움에 떨며 원록의 방에 얼씬도 하지 않았다. 다만 죽을 쑤어서 끼니 때마다 한 사발씩 문 앞에 놓아둘 뿐이었다. 원록은 그것을 반도 채 먹지 못했다.

"자네, 어쩌다 이렇게 되었나? 왜 이렇게 상했어?"

함께 유학 온 명룡이었다. 원록이 통 연락이 닿지 않자 직접 찾아온 것이었다. 그는 원록의 몸 상태가 예사롭지 않다는 것을 직감했다.

원록은 앓는 내내 제대로 먹지를 못했다. 사실 일본 생활을 하는 동안 제대로 된 음식을 먹은 적이 별로 없었다. 아침은 굶기 일쑤였고 저녁은 술 반, 안주 반으로 적당히 배를 채운 적이 많았다. 늘 영양실조에 가까운 상태였지만 정신력으로 버티고 있던 터였다. 그러던 차에 차가운 비까지 맞아 앓아누웠으니 그간의 피로가 한꺼번에 몰려들고 있었다.

"원록아, 이래서는 안 되겠다. 공부도 중요하지만 일단 몸을 추스르는 게 좋겠어. 마침 방학도 되었으니 고향에 가서 좀 쉬고 오는 게 어떻겠어?"

"괜찮아. 조금 쉬면 나을 거야. 혹시 수상한 사람은 없었어? 나를 찾는 사람은?"

"글쎄. 나야 잘 모르지. 일단 의사를 불렀으니 진찰을 받아 보자."

"그냥 약만 먹어도 될 것을……."

의사는 원록을 혼자 두는 게 좋지 않을 거라고 했다. 기관지에 염증이 있는 것 같고, 신경 쇠약에 영양실조까지 와서 휴식이 절대적으로 필요하다고 했다. 원록은 휴식 따위는 필요 없다고 했지만 자기 몸이 정상이 아니라는 것을 스스로 잘 알고 있었다.

"쉬어야 합니다. 그렇지 않으면 더 나빠져서 심각해질 수 있어요. 면역력이 떨어지면 최악의 경우 폐병에 걸릴 수도 있고."

"조선으로 돌아가자, 원록아. 가서 쉬고, 몸이 나아지면 다시 오자고."

원록은 명룡의 말을 듣더니 갑자기 생기라도 되찾은 듯이 허리를 곧추세웠다. 그는 밭은기침을 하면서 단호한 어조로 말하기 시작했다.

"이곳에 다시 오자고? 그럴 일 없네. 난 여기에 다시 오지 않을 걸세. 일본은 배울 게 하나 없는 곳이라고! 이곳은 거대한 개미굴이나 마찬가지야. 굴 가장 깊숙한 곳에는 여왕개미가 숨어 있지. 그 녀석은 다른 일은 일절하지 않고 오로지 새끼들만 만들어. 다른 개미들은 새끼를 기르고 집을 짓고 먹이를 모으지. 때로는 격렬하게 전투도 하면서 말이야. 일본인들은 그저 천황이 시키는 일만 할 뿐이야. 옳고 그름도 없고 다른 생각을 한다는 건 용납되지도 않아. 조선은 놈들의 먹잇감일 뿐이고. 이런 곳에 다시 돌아오라고? 무엇하러. 이곳은 배울 게 없네. 하나도 없어!"

원록은 소리치듯 말하더니 남은 기운이 모두 빠졌는지 자리에 쓰러졌다. 마치 어둡고 차가운 굴 속에 끌려가는 느낌이었다. 원록은 자신이 한 마리 박쥐처럼 느껴졌다. 희미한 햇빛에도 겁을 먹고 동굴로 되돌아가는 박쥐. 그는 한 토막 꿈조차 제대로 꾸지 못한 채 끝내 회귀하는 자신이 참으로 비굴하게 느껴졌다.

광명을 배반한 아득한 동굴에서

다 썩은 들보와 무너진 성채의 너 홀로 돌아다니는

가엾은 박쥐여! 어둠의 왕자여!

쥐는 너를 버리고 부잣집 곳간으로 도망했고

대붕도 북해로 날아간 지 이미 오래거늘

검은 세기의 상장(喪章)이 갈가리 찢어질 기-ㄴ 동안

비둘기 같은 사랑을 한 번도 속삭여 보지도 못한

가엾은 박쥐여! 고독한 유령이여!

-〈편복〉 중에서, 이육사.

바람에 씻은 듯 다시 명상하는 눈동자

"원록아, 이것 좀 먹어 보자. 산에서 캔 약 도라지를 진하게 달였다. 목에 좋다더라. 네 처가 어젯밤 내내 밤잠 안 자고 만들었구나."

어머니의 목소리였다. 한 달 전 병든 몸으로 일본에서 건너온 원록을 어머니는 지극정성으로 보살폈다. 처음부터 어머니는 원록의 타향살이가 만만치 않을 거라고 생각했다. 남들과 쉽게 타협하지 않는 성격이니 적잖이 어려움이 따를 것이고 몸도 어지간히 상할 거라고 짐작했다. 그래서일까. 어머니는 원록이 아픈 몸으로 돌아왔을 때 놀래는 기색조차 없었다.

원록의 어머니 허길은 심지가 곧았다. 자식을 멀리 적국에 보내기까지 무던히 속이 상했을 텐데 겉으로 내색 한번 하지 않았다. 그도 그럴 것이 그보다 심한 일을 오랫동안 겪었기 때문이었

다. 어머니 허길의 부친 허형은 망해 가던 나라를 구하려던 의병
장이었고, 그 사촌 허위도 일본군과 맞서 싸우다 감옥에서 순국
한 의병장이었다. 어머니의 형제들, 그러니까 원록의 외숙인 허
발, 허규도 일제에 맞서기 위해 만주로 떠나 있었다. 이처럼 고
단하지만 의로운 가족들을 지켜봤기에 원록의 어머니 허길은 누
구보다 마음이 굳셌다.

"원록아, 안 자고 있으면 이것 좀 마시려무나."

또다시 어머니의 목소리였다. 방문을 열었다. 어머니가 기다
렸다는 듯이 하얀 약사발을 내민다. 원록은 어머니의 눈에 전에
없던 그늘이 진 게 마음이 아팠다.

"자, 마셔 봐라. 진하게 달였다."

"이제 그만 마셔도 돼요. 고생스럽게 괜한 걸 하셨어요."

"아직 몸이 성치 않잖니? 그리고 네 처가 달인 거다. 정성을 봐
서라도 다 마셔라."

아내는 멀찌감치 떨어진 채 기둥에 기대서서 원록의 모습을
지켜보고 있었다. 원록은 아내를 힐끔 보더니 미안한 마음이 들
었던지 약사발을 들고 마시기 시작했다. 들척지근한 맛에 도라
지 향이 강하게 느껴졌다.

일본에서 돌아온 후 원록은 보름 동안 내리 누워 지냈다. 몸만
앓았던 게 아니다. 눈을 감으면 현해탄의 차갑고 어두운 바다가

보였다. 진눈깨비가 흩날리고 성난 파도가 넘실댔다. 파도는 원록이 타고 있는 조각배를 사정없이 내리쳤고 배는 천길 깊은 바다 속으로 가라앉았다. 검은 바다 속은 원한을 지닌 영혼들로 가득했다. 그들은 비명을 지르며 원록을 뒤쫓아 왔다.

아무것도 하지 못했다는 자괴감이 그의 뇌리를 떠나지 않았다. 김묵과 다른 동지들은 어찌 됐을까? 불령사는 이제 끝난 것일까? 차라리 테러리스트가 되어 천황의 황궁에 폭탄이라도 던져 볼 것을.

쇠락한 육신과 영혼을 일으켜 준 것은 가족이었다. 아버지는 약령시에서 사다 놓았던 약재들을 손수 손질하셨고 아내와 어머니는 약재들을 밤낮으로 정성껏 달여 주었다. 원록도 소년 시절 한약방에서 일했던 적이 있어서 얼마나 소중한 약재를 아버지가 구해 왔는지 알 수 있었다. 가족들이 정성껏 달인 약재 덕분일까? 원록은 입맛이 돌았다. 밭은기침은 사라지고 영양도 충분해졌다. 스물한 살의 젊은 나이였기에 몸도 빠르게 회복할 수 있었다.

형제들은 괴로운 정신을 위로해 주었다. 어릴 때부터 우애가 좋기로 소문이 파다했던 형제들이었다. 어머니는 형제들끼리 지나치게 예절에 얽매어 생활하기보다 친구처럼 어울리며 편하게 지내라고 늘 말씀하셨다. 그 덕에 형제들은 어릴 때부터 흉허물이 없었다. 어릴 때는 할아버지께 서로 사랑을 받으려고 경쟁적으로 글을 지었고, 커 가면서는 자연스럽게 술도 한 잔씩 나누던 형제들이었다. 모두가 서로에게 속이 깊었다.

"원록아, 조양 회관 일은 좀 쉬었다 하면 안 되는 거냐? 몸이라도 다 회복하면 나가지 그래. 너도 참 마음이 급해서 탈이다."

"어머니, 이제 몸은 다 나았어요. 제 일은 제가 알아서 할게요. 회관에서 강의라도 하지 않으면 갑갑해서 견딜 수가 없어요."

몸과 마음이 회복될 즈음 원록에게 뜻밖의 소식이 왔었다. 대구 조양 회관 서상일로부터 청년들을 대상으로 강연을 해 달라는 요청이었다. 조양 회관*은 대동 청년단**을 이끌던 서상일이 자기 재산을 기부해서 만든 건물이었다. 서상일은 흑우회에서 알고 지낸 서상한의 친형이기도 했다. 어떻게 연락이 닿았는지 원록은 귀국한 뒤 얼마 안 되어 조양 회관에서 청년들을 교육해 달라는 요청을 받았고, 몸이 다 회복되기도 전에 강연에 나서기 시작했다. 유학을 떠나기 전 백학학원에서 가르친 적이 있어

● 　조양 회관은 1922년 대구에 만들어진 현대식 건물로 대구 구락부, 〈동아일보〉지국, 청년회, 대구 운동 협회, 대구 여자 청년회, 농촌사 등이 입주해 있었고 영화도 상영하는 등 당시의 복합 문화 공간이었다.
●● 　대동 청년단은 1909년 설립된 독립운동 단체다.

서 강연이 딱히 힘들지는 않았다. 조양 회관에서 원록은 주로 시민 혁명과 인민 주권, 아나키즘 등 근대적인 정신사를 학생들에게 전할 수 있었다.

"그래도 좀 더 있다가 몸 좋아질 때 하면 오죽 좋니?"

"제가 알아서 할게요. 좋아서 하는 일이니 지치지도 않아요."

"그래도 바깥으로만 돌지 말고 네 처 생각도 가끔은 해 줘라. 너 없을 때 혼자서 집안 살림하느라 고생 많았다."

"네. 어머니."

멀찌감치 있던 아내는 부끄러운 것인지, 속이 상한 것인지 부엌으로 들어간다. 그런데 그때 대문 쪽에서 인기척이 났다. 누군가 온 모양이었다.

"누구신지요?"

"백농 이정기요. 조재만 군 소개를 받고 왔습니다."

"네? 누구시라고요?"

"이정기입니다."

원록은 순간 자기 귀를 의심했다. 이정기라면 조선 독립을 청원하는 글로 얼마 전까지 옥고를 치렀던 사람 아닌가? 대구의 청년들 사이에서는 이미 널리 이름난 사람이었다. 원록은 신발도 제대로 신지 않은 채 뛰쳐나가 반갑게 그를 맞았다.

"아니, 여기까지 무슨 일이신지요? 말씀은 정말 많이 들었습니

다. 재만이가 항상 대단하신 분이라며 한 번은 꼭 뵈어야 한다고
했었지요. 자, 제 방으로 가시지요."

이정기. 그는 경북 성주군 출신으로 파리 장서에 최연소 서명
자로 기록된 인물이었다. 파리 장서란 파리 강화 회의에 보낸 조
선 독립 청원서였다. 원록이 아직 열다섯 나이로 큰형 원기를 따
라 보문의숙을 다니던 시절, 세계는 큰 변화를 맞이하고 있었다.
제1차 세계 대전이 끝나고 새로운 국제 질서가 만들어지는 중이
었다. 승전국들은 전후 질서를 바로 잡으려고 프랑스 파리에서
강화 회의를 계획했고 이 자리에서 패전국 식민지를 어떻게 처
리할지 논의할 예정이었다.

때마침 미국 대통령 윌슨은 민족 자결 주의를 내세우며 민족
문제는 민족 스스로 결정해야 한다고 주장했다. 이 소식을 접한
상하이 독립운동가들은 파리 강화 회의를 조선이 독립할 절호의
기회라고 여기고 김규식 등을 민족 대표로 파견했다. 하지만 일
본이 가만있을 리 없었다. 그들은 조선이 일본의 통치에 만족하
고 있다는 터무니없는 주장을 펼치며 대표단을 방해했다.

일본의 허튼 주장을 뒤집기 위해서는 한민족이 일본을 거부
하고 독립을 원한다는 확실한 증거를 보여 줘야 했다. 가장 먼
저 일본 동경 유학생들이 2.8 독립 선언을 했고, 같은 맥락에서

3·1 운동이 전국적으로 일어났다. 그리고 그때까지 별다른 움직임이 없던 유학자들도 파리 강화 회의에 독립 청원서를 보내게 되는데 이를 파리 장서라고 한다. 이정기는 그 파리 장서에 서명한 가장 나이 어린 인물이었다. 그런 그가 지금 원록의 눈앞에 나타났다.

"선생께서 저를 어떻게 알고 여기까지 오셨나요?"

"말씀드렸듯이 조재만 군이 소개해 줬습니다. 반드시 만나야 할 사람이라고 하더군요. 재만 군은 지금 서울에서 내려와 이곳 대구에 있습니다."

"네? 휘문 고보에 다니고 있을 텐데요."

"친일 교장을 내쫓으려다가 학교에서 쫓겨났습니다."

"네? 재만이 성격답군요. 조만간 찾아오겠군요."

재만은 원록의 오랜 친구였다. 어릴 때부터 석재 선생에게 글씨와 그림을 함께 배웠고 백학학원에도 같이 다니는 등 인연이 깊은 친구였다.

"요즘 조양 회관에 나가신다고요?"

"제가 할 수 있는 일이란 게……."

"정신을 일깨우는 일, 훌륭한 일이지요. 하지만 조금 아쉽습니다."

"어떤 아쉬움일까요?"

"파리 강화 회의를 떠올려 보십시오. 전 세계에 우리 민족의 독립 요구를 널리 알리려고 했지만 세계는 관심이 없었습니다. 영국, 프랑스, 심지어 민족 자결 주의를 주장했던 미국마저 자기들 식민지를 거느리고 있는 마당에 아시아의 작은 나라에 무슨 관심이 있겠습니까? 그들은 패전국 식민지를 어떻게 나눠 가질지에 관심이 있었던 겁니다. 또, 우리가 무슨 말을 해도 잘 듣지 않아요. 일본이 방해를 하니까요. 일본은 합리적으로 맞설 상대가 아닙니다."

"그건 저도 동감이에요. 그들 백성들은 천황만을 맹신하더군요."

"민족 의식을 고취하는 강연도 중요하지만 식민지 조선에서 인권이 유린되고 있다는 걸 보여 줘야 합니다. 그렇지 않으면 세계 여론은 우리가 식민지 생활에 만족하는 줄 착각한단 말씀이죠. 그리고 식민 지배가 자신들에게도 이득이 없다는 걸 따끔하게 보여 줘야 해요."

"그럼 테러라도 해야 한다는 말씀이신가요?"

"필요하다면 해야지요. 무엇보다 체계적으로 저항할 조직을 갖추는 게 중요합니다. 혹시 만주에 신흥 무관 학교라고 들어 보셨소?"

"네?"

"지금은 없어졌지만 한때 일본에 맞설 무관을 길러 냈었죠. 의열단장 김원봉도 그 학교 출신이고요. 지금은 그곳 출신들이 지청천 장군을 따라 대한 독립군으로 활약하고 있습니다."

"그랬습니까? 그런 일을 잘 몰랐다니 부끄럽습니다."

"일제에 지속적으로 저항하려면 신흥 무관 학교와 같은 학교가 필요해요. 정치와 사회도 배우고 역사와 지리 그리고 군사학도 배울 수 있는."

"의식과 힘을 동시에 길러야 한다는 말씀이시군요."

"지금 만주나 중국 쪽에 학교를 다시 세우려는 뜻을 가진 이들이 있어요. 독립군 기지를 새롭게 다시 만들려는 겁니다. 이회영 선생과 김창숙 선생이 얼마 전에 서로 만나 의견을 나눴고 지금 한창 독립군 기지와 학교 건설을 위해 모금 운동을 벌이고 있습니다. 이분들을 도와야 합니다. 어때요? 나와 함께 중국에 다녀오는 것이?"

원록은 가슴이 뛰었다. 독립운동가를 기르는 학교? 좋다. 테러처럼 일시적인 게 아니라 학교를 세운다면 더더욱 의미가 있다. 지난번처럼 실력을 기른다고 무작정 일본에 가는 것은 무모한 일이다. 하지만 중국은 다르다. 중국은 조선처럼 일본에 맞서고 있지 않은가? 그렇다면 중국에 가자. 그곳에서는 숭고한 뜻을 가진 이들을 자주 볼 수 있겠지.

이정기는 그 후로도 자주 원록의 집을 찾았다. 이정기는 원록만 설득한 게 아니었다. 원록의 형제들, 맏이 원기와 동생 원일도 독립운동에 함께 뛰어들기로 했다. 그것이 의열단이든, 북로군정서, 서로 군정서이든, 대한 독립군이든 그런 이름들은 아무래도 좋았다. 역사 속에 이름 없는 작은 횃불이라도 된다면 그것으로 이미 충분하다고 원록의 형제들은 생각했다.

원록의 형제들이 독립운동에 나서기로 약속하던 그때, 대구에는 김창숙이 독립군 기지 건설을 위해 은밀히 자금을 모금하러 다니고 있었다. 심산 김창숙은 을사오적의 목을 베라며 대궐 앞에 나아가 직접 상소를 올렸던 인물로 상하이 임시 정부에 참여하며 대쪽 같은 기개로 독립운동을 이끌고 있었다. 그는 일본의 방해로 국내외 독립운동이 주춤해지자 이를 안타깝게 여기고 국내로 잠입하여 자금을 모집하고 있었다. 이정기가 말했던 것처럼 독립군 기지와 한인 무관 학교를 세우기 위한 일이었다. 하지만 조선의 부호들은 예전과 달랐다. 그들은 일본의 지배에 익숙해지고 있었고 김창숙의 방문을 탐탁하게 여기지 않았다. 경찰에 신고하지 않는 것을 다행으로 여길 정도였다.

김창숙은 다시 상하이로 되돌아가 국내의 민심이 달라졌다는 것을 동지들에게 알렸다. 그리고 임시 정부를 이끌던 김구에게 말했다.

"백범! 인심이 이미 죽었으니 비상수단을 쓰지 않는다면 장차 우리가 돌아갈 곳조차 없게 될 것이오. 그러니 청년 결사대에게 자금과 무기를 줘서 왜정 기관을 파괴하고 친일 부호를 박멸합시다. 그렇게라도 해서 의로운 기운을 떨쳐야 하지 않겠소?"

김창숙의 말을 전해들은 김구는 주저 없이 의열단원 나석주를 추천했다. 그렇게 김창숙은 나석주를 만났다. 김창숙은 나석주의 거친 손을 붙들고 결연하게 말했다.

"백범도 그대가 할 일을 학수고대하고 있소. 민족의 고혈을 빨고 있는 식산 은행과 동양 척식 회사가 그대의 손에 폭파되는 날 일제의 간담은 서늘해지고 잠자는 조선의 민족혼도 불길처럼 다시 불타오를 것이오. 조국은 그대를 결코 잊지 않을 것이오."

1926년 12월 28일. 조선 식산 은행에 한 사내가 폭탄을 던졌다. 안타깝게도 폭탄은 터지지 않았다. 그러자 사내는 다시 동양 척식 회사로 향했다. 그는 1층에서 일본인 한 명을 권총으로 쏜 뒤 2층으로 올라가 다시 일본인을 향해 사격하고 나머지 폭탄을 힘껏 던졌다. 하지만 폭발음은 들리지 않았다. 대신 일본 경찰들의 포위망이 사내를 좁혀 왔다. 사내는 어느새 자기를 둘러싼 군중들에게 외쳤다.

"나, 나석주는 조국의 자유를 위해 투쟁했다. 이천만 민중아,

쉬지 말고 분투하라!"

그는 추격하는 일본 경찰에 격렬하게 저항했다. 그리고 일본 경감 다하타 유이지 등 세 명을 사살하고 그 자신은 마지막 남은 한 발의 탄환으로 그곳에서 자결했다.

폭탄이 불발이 된 게 문제가 아니었다. 일본인을 죽인 게 다가 아니었다. 조선이 아직 살아 있다는 게 중요했다. 이날 신문은 나석주의 소식을 호외로 찍어 전국에 배포했다. 횃불이 꺼지지 않았다는 걸 온 민족이 깨닫는 순간이었다.

원록은 나석주의 의거를 중국에서 들었다. 그는 조재만, 이정기와 함께 중국으로 건너왔고 그곳에서 일본에서 못다 한 공부를 하며 한편으로는 이정기, 조재만과 독립 자금을 모금하는 활동을 계획하고 있었다.

베이징에 오자마자 원록은 곧바로 공부를 다시 시작했다. 하지만 느긋한 마음으로 학업을 할 수는 없었다. 마음이 바빴던 원록은 중궈 대학에 적을 두고 베이징 대학에 청강생으로 등록해서 상과와 사회학을 함께 공부하고 있었다. 그러다 나석주의 소식을 뒤늦게 전해 들었다.

"원록형! 나석주 선생 소식 들었어요?"

중국으로 건너와 함께 생활하던 조재만이 무겁게 말을 꺼냈다.

"그래. 이제야 알게 되다니 너무 창피하고 괴롭구나."

"나도 마찬가집니다. 독립 자금을 모금하는 것도 뜻대로 안 되고 난 다시 조선으로 돌아가려고 합니다. 정기 형님도 마음을 굳혔더군요. 말은 잘 안 하는데 임시 정부 사람들을 자주 만나러 다니더라고요. 아무래도 무기 만드는 법을 배우는 것 같단 말이지요. 나도 국내에 들어가서 나석주 선생이 못다 한 일을 하고 싶습니다. 횃불이 한 번 반짝거려야 되겠어요? 이곳저곳에서 계속 불타올라야죠. 얼마 전 심산 김창숙 선생마저 붙잡히셔서 횃불이 꺼지기 직전입니다. 니무 위태로워 보여요. 가서 조금이라도 힘이 돼야겠습니다."

"그래, 횃불이 되는 건 정말 중요한 일이지. 나도 이번 학기를 마지막으로 학교는 그만 다닐 생각이다."

"뭐요? 다시 시작한지 얼마나 됐다고? 형은 학교에 있는 게 더 낫습니다. 우리 모두가 투사일 필요는 없어요. 누군가는 의식을 일깨워야죠. 형은 딱 그런 일에 제격이에요. 여기서 더 공부하십시오. 요즘 베이징 대학 마위자오 교수와 사이도 좋다면서요."

"그분께는 미안하게 됐지. 나를 아끼시던 분인데 말이야. 그분이 아니었으면 루쉰 선생을 알지 못했을 거야. 재만아! 루쉰 선생이라고 들어 봤니? 중국인들이 가장 존경하는 작가다. 마침 여기 그분 글이 있구나."

범과 승냥이가 달려들어 중국을 뜯어먹어도 별로 나서는 사람이 없
다. 나서는 사람은 그저 몇몇 청년 학생뿐이다. 그들은 본래 안심하
고 공부를 해야 하는데도 시국이 뒤숭숭해서 마음을 놓을 수 없게
됐다. 그런데 그들을 학살하다니. (중략) 먹으로 쓴 거짓말은 결코
피로 쓴 사실을 덮을 수 없다. 피로 진 빚은 반드시 같은 것으로 되갚
아야 한다. (중략) 피는 먹으로 쓴 거짓말에 가려지지 않으며 먹으로
쓴 만가(輓歌)에 도취되지 않는다. 그 어떤 힘도 피의 희생을 압도하
지 못한다.

－《꽃이 없는 장미》 중에서, 루쉰.

"재만아, 지난해 톈안먼 사태 기억하지? 중국 군벌이 청년 시
위대를 향해 총을 쏴서 마흔일곱 명이 그 자리에서 즉사했지. 상
상조차 할 수 없는 일이지. 자기 동포를 죽였으니. 루쉰 선생은
그날을 중화민국 이래 가장 어두운 날이라고 했었지. 이 글은 그
날을 추모하며 쓴 글이야. '그 어떤 힘도 피의 희생을 압도하지
못한다.'는 말, 나는 이 말이 어떤 총칼보다 강력하다고 생각해.
희생당한 이들에게 마음의 빚을 진 중국인의 양심을 뒤흔들어
놨으니까."

"루쉰은 잘 모르지만 중국 인민들이 이 글을 읽었다면 가슴에 열불이 났겠군요. 그래서 말인데 난 형이 루쉰 같은 작가가 되었으면 합니다. 폭탄은 우리가 던질 테니 원록 형은 이곳에서 공부도 더 하고 글도 쓰십시오."

"재만아, 어째서 사람들이 자신의 신념과 가치관을 버리고 편하게 사는 줄 알아? 그건 현실에서 투쟁하지 않고, 방안퉁수처럼 안에서 글만 쓰다 고립되기 때문이다. 자리에 앉아 글을 쓰는 것은 쉽지. 하지만 실천이 없는 글은 결국 현실 앞에 무릎을 꿇게 된다. 그건 먹으로 쓴 거짓에 불과하다. 루쉰이 말했어. 투쟁을 하려면 굳세게, 지속적으로 하라고."

"겨우 다시 시작한 공부인데 그래도 웬만하면 끝마쳐야지요."

"아니야. 졸업장을 얻으러 학교를 다닌 것은 아니다. 이제 나름대로 일제에 저항할 논리도 만들었고 그 방법도 찾은 것 같다. 방구석에 앉아 책만 보고 글만 쓸 수는 없지. 현실을 외면하는 글은 힘이 없어. 루쉰의 말처럼 노동자와 농민의 삶으로 직접 들어가야 해. 그곳에서 그들의 의식을 개혁하고 혁명적인 일들을 찾아봐야지. 물론 틈틈이 글도 쓸 거다. 글을 써서 정신을 일깨운다면, 그것은 민족을 칼로 무장하는 것보다 더 의미가 있다. 돌아가서 신문사에 들어갈 생각이다. 민족의 생활을 관찰하고 일본의 움직임도 더 깊이 살펴볼 거다."

곧은 기운을 목숨같이 사랑했거늘

가을 하늘은 맑았다. 옛 성곽 밑에 뿌리내렸던 수백 년 넘는 은행나무는 성곽이 헐릴 때조차 살아남아 노란 달맞이꽃처럼 하늘을 수놓고 있었다. 대구의 자연은 가을을 맞아 하루가 다르게 바뀌어 갔지만 사람들의 일상은 크게 다르지 않았다. 아침 시간이면 경북 도청, 조선은행, 대구 우편국, 대구 전신 전화국은 출근하는 사람들로 북적거렸다.

출근 시간이 지나도 거리는 여전히 사람들이 바쁘게 오갔다. 업무가 시작되기를 기다리기라도 한 듯 관공서 앞에는 사람들이 줄을 섰다. 각종 서류를 떼러 온 사람, 새롭게 사업을 신고하러 온 사람, 전보를 치러 오거나 소포를 보내는 사람, 돈을 송금하러 온 사람, 심지어 아침부터 경찰서에 붙들려 오는 이들도 있었다. 거기다 수확이 본격적으로 시작되자 대구 인근에서 작물을 수매하려는 인파까지 몰려들기 시작했다. 대구역 주변에서는 쌀의 등급을 매기고 그것들을 일본으로 실어 나르려는 일본인 감독관의 고함이 쩌렁쩌렁했다. 하지만 쌀값은 형편없었고 달구지에 놓인 쌀가마를 하염없이 바라보는 소작농의 안타까운 눈길도 흔하게 마주칠 수 있었다.

대구 시내는 십여 년 전과는 비교할 수 없을 만큼 사람들이 모였다. 조선에서 서울 다음으로 돈 많은 데가 대구라고 할 만큼 돈이 몰렸고, 돈을 따라 사람도 몰렸다. 그리고 언제부턴가 일본인이 운영하는 연초 회사, 성냥 공장, 소가죽 가공 공장, 섬유 공장 등이 하나둘 들어서고, 일본 상점들이 즐비하게 늘어선 거리도 생기면서 더 이상 조선 땅처럼 느껴지지 않았다. 북성로를 대구의 긴자라고 부를 정도였다. 이주 일본인은 이만여 명에 가까웠고 그들은 조선의 경제를 야금야금 갉아 먹고 있었다.

일제 강점 후 일본은 본격적으로 조선의 대구를 식민지 도시로 순식간에 바꿔 나갔다. 가장 먼저 쌀을 수탈했다. 일본은 자기들의 부족한 쌀을 조선에서 값싸게 실어 날랐다. 쌀뿐만이 아니었다. 일제는 일본 상품의 관세를 없앴고 결과적으로 값이 싸진 일본 제품이 조선 경제에 큰 타격을 주었다. 생산 기반이 취약했던 조선 경제는 순식간에 휘청거렸다.

경제 침략의 선봉장은 조선은행이었다. 조선은행은 식민지 조선의 자금을 흡수해서 그것을 일본인에게 낮은 이자로 빌려주었다. 일본인은 추곡을 수매할 때에도, 공장을 설립할 때에도 조선 은행의 자금을 가져다 썼다. 조선 사람이 맡긴 돈이 고스란히 일본 경제를 위해 쓰이는 악순환적인 구조가 형성되어 버린 것이다. 하루 벌어먹기도 어려운 사람들은 이런 사실을 잘 몰랐고, 알더라도 저항할 방법을 찾을 수 없었다. 게다가 친일 지주와 자본가들은 언론을 이용해서 조선이 식민 지배에 만족한다는 악의적인 여론마저 조장하고 있었다.

1927년 10월 18일. 열한 시. 가을날은 여전히 청명했다.

한 사내가 조선은행에 들어왔다. 얼굴은 순박해 보였고, 옷차림은 허름해 보였다. 양손에는 꽤 무게가 나가는 나무 상자를 두 개씩 들고 있었는데, 사내는 그중 하나를 은행 탁자 위에 올려놓으며 말했다.

"여기 지점장님이 누구신가요?"

"어떻게 오셨소?"

은행 창구에 있던 사원이 후줄근한 남자의 행색을 의심의 눈초리로 바라보며 물었다.

"선물을 전하러 왔습니다. 토종 벌꿀이라고 하대요. 저희 여관 손님께서 보냈습니다."

"선물? 누가 보내는 거라고?"

"저는 잘 모릅니다. 심부름만 해서. 상자에 뭔가 적혀 있는데 한자를 잘 몰라서요."

"알겠소. 기다리시오. 코조 주임님! 여기 이 친구가 지점장님 선물을 가져왔다는데요."

후쿠치 코조가 남자에게 성큼성큼 걸어왔다.

"이게 뭔가?"

"선물이라고 했습니다. 여관 손님이 보냈어요. 토종 벌꿀이라고 하대요."

그때였다. 또 다른 은행원인 요시무라 키요시가 뭔가 이상하다는 듯이 다가왔다. 그는 군인 출신이었다.

"주임님! 이상한 냄새가 나는 것 같습니다. 화약 냄새 같기도 하고."

"뭐라고? 어디 한번 열어 보자."

후쿠치 코조는 급히 나무 상자를 열어 보았다.

"아니, 이런! 이것은? 가위! 가위! 가위, 가져와! 어서!"

놀랍게도 상자 속에는 화약과 다이너마이트가 가득 들어 있었다. 도화선은 이미 불이 붙은 채였다. 코조는 은행원이 가져온 가위로 도화선을 잘라 냈다.

"휴우. 큰일 날 뻔했네. 너! 너 이놈, 누구야?"

코조는 여관에서 왔다는 사내의 멱살을 붙잡았다.

키요시는 경찰에 연락을 하면서 다른 은행원에게 나머지 상자를 자전거 주차장에 내다 놓도록 했다.

"점심 먹으러 가려던 참이었는데 이게 무슨 날벼락이야. 대체. 네 이놈 누가 보냈나? 누가 보냈어? 바른 대로 말 안 해!"

코조는 잔뜩 겁을 집어먹은 사내의 멱살을 조이며 윽박질렀다. 뒤이어 경찰이 도착했고 사내를 붙잡아 경위를 묻기 시작했다. 몇몇 경찰은 주차장에 있던 상자들을 은행 앞 큰길에 옮겨 놓으려 했다. 그때였다.

콰쾅! 콰콰쾅! 쾅! 쾅!

폭탄 세 개가 잇달아 폭발했다. 경찰 네 명과 은행원 한 명이 그 자리에 피를 흘리며 쓰러졌다. 파편이 사방으로 튀었다. 은행 창문은 사정없이 깨져 공중에 마구 흩날렸다. 폭발의 진동으로 전신주들이 기우뚱하면서 전선들이 모두 끊어졌다. 은행 안에 있던 사람들은 황급히 길가로 빠져나왔다. 행여 파편이 튀길까 봐 혼비백산한 모습이었다.

사내의 이름은 박노선. 덕흥 여관에서 근무하는 사환이었다. 붙잡힌 그는 아무것도 모르고 그저 심부름만 했을 뿐이라고 반복해서 말할 뿐이었다.

"그 사람이 그랬어요. 자기는 부상을 당했으니 벌꿀 선물을 조선은행, 경북 도청, 식산 은행에 급히 배달해 달라고. 사람이 좋아 보여서 다른 뜻은 없는 것처럼 보였단 말입니다."

경찰은 박노선의 말을 듣고 곧바로 덕흥 여관으로 출동했다. 하지만 일을 시켰다는 범인은 이미 사라지고 없었다. 다만 여관 2호실에는 폭탄 포장에 쓰던 물건만 나뒹굴 뿐이었다.

사건이 있은 후 대구 사람들은 속으로 오랜만에 감격을 누렸다. 자신들의 피와 땀을 착취해 가던 조선은행을 누군가 공격해 준 것만으로도 속이 후련했다. 경찰들의 시선이 있어서 크게 말할 수는 없어도 어디선가 횃불이 타오르고 있다는 기대를 사람들은 다시 품기 시작했다.

일본 경찰은 발칵 뒤집혔다. 은행이 폭발하지는 않았지만 범인을 잡지 못하면 이런 일이 언제든 다시 일어날 수 있다. 더군다나 테러의 목표가 조선은행, 도청, 식산 은행, 대구 경찰서 등 식민 통치를 위해 꼭 필요한 관공서였다. 만약 범인을 잡지 못해 이런 일이 다시 일어나면 엄청난 손해와 함께 자신들의 위신은 실추될 것이다.

사건을 조사하기 위해 경찰 천육백여 명이 동원되었다. 하지만 시간이 흘러도 경찰은 작은 단서 하나조차 찾지 못했다. 경찰은 초조해졌다. 사태가 더욱 길어진다면 불타는 도화선이 뇌관을 향해 타들어 가는 것처럼 다시 민족 운동에 불이 붙는 것은 시간문제였다. 결국 그들은 어떤 법적 근거도 없이 사람들을 잡아들이기 시작했다. 평소 일본 정책에 비판적이고 민족 운동을 운운하며 지식인처럼 나섰던 이들이 검거 대상이었다.

"여기가 이원일의 집인가?"

초승달이 뜬 어둑한 밤이었다. 아버지가 마루에서 약초를 손질하고 있었고, 얼마 전 중국에서 돌아온 원록은 오랜만에 형제들과 담소를 나누고 있었다. 당연히 조선은행 사건이 화제를 이뤘다. 원록은 그 자리에서 앞으로 기자가 될 생각을 밝혔고 동생 원조는 시와 소설을 신춘문예에 보냈노라는 소식을 전하고 있었다. 그런데 갑자기 한 무리의 발자국 소리가 규칙적으로 들리더니 대문을 두드리며 소리를 질러 댔다.

일본 경찰이었다. 스무 명 남짓한 경찰이 원록의 집을 둘러싸고 있었다. 조양 회관 강좌로 원록은 대구의 청년들에게 널리 알려져 있었고, 원기와 원일, 원조도 자기 분야에서 이름을 천천히 드러내고 있던 때였다. 일본 경찰은 원록 형제가 조선은행 사건의 진범은 아니더라도 언제라도 민족 운동에 불을 붙일까 염려하여 처음부터 싹을 자르고자 했다.

"이원기! 이원록! 이원일! 이원조!"

"무슨 일이오?"

아버지는 놀란 가슴을 진정하며 침착하게 말했다.

"이놈들을 당장 체포해!"

"왜들 이러시오?"

형 원기가 자신을 끌어내는 경찰에 저항하며 말했다.

"너희들을 조선은행 대구 지점 폭파 사건의 주범으로 체포한다. 이원일! 네놈이 폭탄 상자 위에 글을 쓴 게 맞지? 뭣들 하나? 집안을 샅샅이 뒤져! 증거를 수집해야지!"

경찰은 온갖 것을 뒤지기 시작했다. 책꽂이를 뒤지고 다락의 물건들을 쏟아 냈으며 벽지를 뜯어내기까지 했다. 방 안은 아수라장으로 변했다. 방에서 소득이 없자 그들은 부엌으로 가서 아궁이 안까지 살피더니 쌓아 놓은 장작들을 무너뜨렸다. 그래도 아무것도 없자 마룻바닥을 뜯고 심지어 지붕 위에 올라가 기왓장을 걷어 내며 그 안에서 지푸라기라도 찾으려는 것 같았다. 한밤부터 시작한 수색은 새벽녘이 되어서야 비로소 끝이 났다. 폭탄은커녕 한 줌의 화약도, 도화선도 나오지 않았다.

"지독한 놈들! 어디다 폭탄을 숨겨 놓은 거냐?"

"대체 무슨 폭탄을 말하는 거요? 왜 내 아들들을 잡아가는 거요?"

어머니는 아들들을 붙잡아 가는 경찰의 앞을 가로막았다. 그러자 앞서 가던 경찰이 어머니를 거칠게 밀쳤다. 어머니는 담장 밑으로 나동그라졌다. 원록의 아내가 어머니를 붙들었다.

"당신들도 같이 끌려가고 싶어? 폭탄이 안 나온다 이거지? 좋다. 네놈들이 증거품인데 증거가 따로 필요 없지. 이놈들을 어서 끌고 가!"

"어머니! 괜찮으세요? 아니 아무 죄 없는 어머니에게까지 무슨 짓들이냐!"

원록은 포승줄에 묶인 채로 고함을 질렀다. 그러자 경찰이 곤봉으로 머리를 내리쳤다.

"너! 말 한번 잘했다. 그러니까 네 에미는 죄가 없지만 넌 죄가 있다는 거 아니냐! 이놈들을 어서 끌고 가라!"

다섯째 원창과 여섯째 원홍은 형들이 끌려가는 것을 보고 발을 동동 굴렀고, 자기들은 왜 끌고 가지 않느냐고 소리를 질렀다. 원록의 아내는 의연하게 원창과 원홍을 다독였지만 걱정과 근심은 누구 못지않았다.

고문은 끔찍했다. 그런데 더 견딜 수 없는 것은 고문하는 이가 일본인이 아니라 조선인 고등계 형사라는 것이었다.

"264번! 폭탄을 어디서 구했나? 네놈과 네 형제들이 의열단에 가입했다는 건 이미 이정기랑 조재만이 다 불었다. 세상천지가 다 아는 일이야. 의열단 놈들은 어디서 만났던 것이냐!"

"뭐?"

원록은 깜짝 놀랐다. 이정기와 조재만도 감옥에 붙잡혔다고? 그리고 의열단이라니? 경찰 놈들이 떠보는 수작이겠지. 실제로 원록은 자신이 가입한 단체 이름을 정확히 알지 못했다. 당시 운동가들은 비밀을 위해 일대일로 연락을 주고받을 뿐, 자신이 어떤 단체에 가입되어 있는지 모르는 경우가 많았다. 놈들은 이번 일에 의열단을 엮으려고 덫을 놓은 것이었다.

"네놈이 허구한 날 중국에 갔던 걸 우리가 모를 것 같으냐! 중국에서 돌아오던 날 의열단 놈들에게 폭탄을 들여온 거 맞지? 의열단 놈들이 폭탄을 들여오는 걸 우리가 모를 줄 아나? 몇 해 전에도 김시현● 일당이 붙잡혔었던 거 몰라? 네놈들 혹시 한패 아니냐? 어차피 밝혀질 거, 264번! 자백해라."

"난 모르오. 의열단이고 뭐고. 중국에는 공부하러 갔던 것뿐이오."

"이놈! 끝까지 입을 안 열면 어찌 되는지 보여 주마! 간수!"

철문이 열렸다. 형 원기가 들어왔다. 피 묻은 옷이 여기저기 찢어져 있었다. 원기는 이미 고문을 받을 대로 받은 상태였다.

● 영화 '밀정'의 실제 주인공으로 의열단원으로 항일 운동에 적극 활동했던 인물이다. 황옥 경부 사건과 이승만 대통령 암살 미수 사건으로도 잘 알려져 있는 인물이다. 대구 형무소에서 1929년에 출소하였고, 육사도 함께 복역했다.

"264번! 어디 네놈이 끝까지 입을 다무는지 보겠다. 저놈을 거꾸로 매달아!"

"형님!"

원기는 동생이 지켜보는 데에서 거꾸로 매달렸다. 그리고 채찍으로 매질이 시작되었다. 채찍으로 내리칠 때마다 원기의 몸은 움찔움찔거렸다. 그것은 어디까지나 채찍의 충격으로 인해 몸의 감각들이 반사적으로 반응하는 것뿐이었다. 채찍에 살점이 뜯기고 피가 튀겼지만 원기는 눈을 감고 입을 다문 채 비명 하나 지르지 않았다.

원록은 분노가 치밀었다. 눈앞에서 형이 모진 고문을 당하는 걸 지켜보자니 피가 거꾸로 솟았다. 일본 경찰은 잔혹했다. 원기를 그렇게 두들기더니 그다음에는 원일을 불렀다. 원일도 마찬가지로 고문실에 거꾸로 매달렸다. 놈들은 웃옷을 벗겨 내고 매질을 퍼부었다. 마침내 원록도 모질게 고문을 당했다. 연약한 손톱 안으로 대못을 찔러 넣고, 허벅지 사이에 거칠게 날이 선 나뭇가지를 껴 놓았다가 세차게 훑어냈다. 거꾸로 매달아 콧속에 고춧물을 붓고 며칠 동안 잠을 못 자게 상자 안에 세워 두기도 했다.

"네놈들이 민족을 위한다고 나서지만 천만에. 네놈들이 설쳐 대니까 일본이 우리한테 기회를 주지 않는 거다. 그냥 고분고분히 지내면 이런 고생도 없지 않나. 네놈들 때문에 일본이 조선을 더 깔보는 거다. 그러니 네놈들이야말로 민족의 반역자야! 알았나?"

원록은 눈을 치켜뜨며 고등계 형사를 노려보았다. 어쩐지 조선인을 구타하던 친일 유학생 얼굴과 닮아 보였다. 원록은 형사를 바라보며 차가운 웃음을 흘려 보냈다.

"웃어? 이놈이 미친 겐가. 이곳이 어떤 곳인 줄 모르나? 한번 들어온 이상 제대로 걸어 나가기는 틀린 곳이지. 제대로 맛을 봐야 정신을 차리겠구나."

끔찍한 몽둥이질이 시작되었다. 원록은 꿈쩍도 않고 견디다 몽둥이에 머리를 얻어맞고 그만 혼절하고 말았다. 차가운 물이 원록의 몸에 뿌려졌다. 눈이 퉁퉁 부어 앞을 분간할 수가 없었다. 고등계 형사의 비웃는 소리가 들렸다.

"얼마 전에도 진우 연맹 사건**으로 아나킨가 뭔가 하는 철부지 놈들이 잡혀 왔다가 병신 되어 나갔다. 이름도 기억나는군. 김묵이라던가? 이름처럼 묵사발로 만들어줬지. 병보석으로 나갔지만 얼마 못 가 죽어 버렸다더군. 이만한 고문도 못 견디는

**   진우 연맹은 서동성, 방한상 등이 아나키즘을 연구할 목적으로 1925년 9월 조직한
       단체이다. 대구의 주요 관공서를 파괴하고 요인 암살을 시도하였으나 1926년 5월
       일제에 의해 관련자들이 체포되었다. 김묵(김정근)은 병보석으로 풀려난 후 곧 병
       사했다.

주제에 무슨 대일본 제국에 맞서겠다고. 약해 빠진 것들! 264번!
너도 어디 끝까지 견디는지 해 보자!"

"기, 김, 묵?"

"뭐야? 김묵을 알고 있었나? 역시 네놈들은 다 한패였던 거지?
그래 그놈하고는 또 어떤 관계인 거냐? 말해라! 어서!"

또다시 소나기 매질이 가해졌다. 너덜너덜해진 죄수복은 빨갛
게 피로 물들었고 쓰라린 상처에 가해지는 매질은 뼈를 때리는
것 같았다. 하지만 매질보다 더한 아픔이 원록의 가슴을 파고들
었다.

원록은 갑자기 속이 메스껍고 숨이 턱 막혔다. 연거푸 헛구역
질이 이어졌고 쓰디쓴 위액이 입 밖으로 쏟아졌다. 아나키스트
김묵. 쇼슈 쇼텐에서 호탕하게 웃던 그가 죽다니. 대구에서 다시
만나자던 그를 죽음으로 이별했다는 게 믿기지 않았다. 박열의
시를 외우며 도쿄의 뒷골목을 함께 걸었던 김묵. 그도 끝내 검은
바닷속 혼령이 되어 버렸단 말인가. 박열은 어떻게 되었을까? 불
령사는? 도쿄의 아나키스트들은? 일본 경찰들이 그들을 그냥 둘
리 없겠지. 쓸쓸하고 공허한 마음이 몰려왔다. 황량한 들판에서
폭설을 맞는 나목처럼 원록의 마음은 서늘해졌다.

고문은 그 후로도 모질었다. 원록의 기력이 쇠하면 독방에 가

두었다가 기력이 조금 회복하면 다시 고문하는 식이었다. 여러 날이 지났다. 독방의 문틈으로 희미한 빛이 들어왔다가 다시 긴 어둠이 반복되었다. 원록은 차라리 어둠이 나았다. 육체의 고통과 정신의 모멸을 어둠 속에서는 그나마 덜 느꼈다.

아무 증거도 없고, 정황도 없이 고문을 할 수 있다는 게 참으로 놀라웠다. 원록은 김묵이 들려주던 말들을 떠올렸다. 일본인들은 뇌가 없는 존재들이라고, 단지 천황이 시키는 일을 해내는 기계일 뿐이라고 했던 말들. 그런데 지금 생각하니 일본에 동조하는 조선인 경찰도 똑같았다. 아니 그들은 뇌뿐만이 아니라 뜨거운 심장도 없었다. 증거도, 정황도, 아무런 판단도 없이 그저 폭력에 길들여진 악귀나 다름없었다.

그냥 아무 이름이나 대 버릴까? 아아, 고통에서 벗어나 자유롭고 싶다. 그러나 원록에게는 딱히 댈 이름조차 마땅치 않았다. 도대체 누가 조선은행에 폭탄을 던졌는지 짐작 가는 곳이 없었다. 이름을 모르는 것이 차라리 잘된 것인가? 알았더라면 놈들의 유혹에 빠지지 않을 거라고 누가 장담할까? 그래도 원록의 머릿속에는 스쳐 가는 이름들이 있었다. 김묵, 이정기, 조재만, 이상룡, 서상한, 김창숙. 아무 이름이나 어떤가? 어차피 거짓인 것을. 하지만 한 번의 거짓이 또 다른 더 큰 거짓을 낳아서 언젠가는 거짓으로 무성한 악귀로 변할 테지. 그러니 안 된다. 뼈가 으스러지더라도 악귀가 될 수는 없다.

한편 원록은 떠올렸다. 어째서 이곳에 와 있는 걸까? 왜 이런 형벌을 받고 있나? 이정기 형을 따라 중국을 다녀왔지만 아직 김묵이나 나석주처럼 적극적으로 활동한 것도 아닌데. 폭탄을 던지기는커녕 총 한 번, 칼 한 자루 손에 쥔 적이 없는데.

맞다. 아무것도 하지 않았다는 것, 그것이 어쩌면 이곳에 끌려온 진짜 이유다. 앞서서 나가지 못하고 비겁하게 뒤로 숨어서 기회만 엿보던 것, 그에 대한 죄로 끌려온 거다. 동지들이 온갖 위협을 감수하고 놈들에게 흡혈을 당할 때, 정작 무얼 하고 있었던가? 카페를 기웃거리고 버터 바른 빵에 커피를 즐기며 허세에 가득 차서 지식인인 체하던 것, 그것이 죄다. 진짜 강연을 한 게 아니라 강연을 흉내 내고, 진짜 공부를 한 게 아니라 공부를 흉내 낸 것, 그것이 죄다. 글을 쓰겠다고, 진실한 글을 써 보겠다고 다짐하고는 여태 단 한 줄도 제대로 쓰지 않았던 것, 그것이 진짜 죄다.

조선은행에 폭탄을 던질 생각? 아니 경찰서와 식산 은행까지 타깃으로 삼을 생각? 그걸 어떻게 떠올릴 수 있었을까? 그런 결기를 어떻게 하면 가질 수 있나? 원록은 부끄러웠다. 늘 기회만 막연히 엿보던 자신이 초라하게 느껴졌다. 스스로 기회를 만들고, 그것을 실천한 이름 모를 혁명가, 그의 무게가 온몸에 느껴졌다.

좋다. 죽기를 각오하고 폭탄을 던졌던 혁명가를 위해 이까짓 고문 따위는 얼마든지 대신 받아도 된다. 고문은 억울할 일이 아니다. 더 맞고, 더 모욕당해서 정신의 밑바닥에 잠든 저항의 의지를 일깨우면 그것으로 족하다. 그러니 끝까지 고문하고, 끝까지 모욕하라.

광야를 울리는 불 맞은 사자의 신음인가

"원록아, 돌은 안 줍고 니, 뭐 하고 있나?"

"내도 줍고 있었고만."

원록은 쥐었던 손을 펴 보였다. 새하얗고 매끄럽게 생긴 것들이 꼭 새알처럼 고왔다.

"애개개. 이걸 우째 화단에 놓나? 퍼뜩 더 큰 걸루 골라 봐라!"

"싫다! 난 조그맨해도 이쁜 걸로 고를 기다."

형 원기는 짜증이 났지만 원록의 고집을 알기에 어쩔 도리가 없었다.

"니 맘대로 해라! 계집애들맨키로 공깃돌이나 줍고 화단은 우째 꾸밀라꼬! 할배한테 꾸중 들을 끼라."

봄날 잔잔히 흐르는 낙동강은 따사로웠다. 아직 바람은 서늘했지만 햇볕은 하루하루가 달랐다. 얼마 전까지 얼음을 지쳤던

강이었는데 이제는 마른 돌멩이에 따뜻한 기운마저 감돌 만큼 날이 푸근해졌다.

"원록아, 이제 가자! 니두 이 돌 좀 날라라!"

원기가 화단에 쓰일 제법 큰 돌들을 강변 한쪽에 모아 두고 원록을 불렀다. 원기는 형답게 철이 일찍 들어서 동생도 잘 챙기고 할아버지 이야기도 잘 들었지만 어린 원록은 장난기가 많은 성격이었다.

"싫다!"

"뭐? 니 자꾸 그랬사믄 인자 학교 몬 따라오게 할 끼다. 어서 들어라!"

"알았다. 들면 될 거 아이가."

"학교는 다닐랑가베! 백번을 댕겨야 이 돌 다 나른다. 얼른 하자!"

원록은 할아버지께 억지로 떼를 써서 형 원기가 다니는 보문의숙을 드나들고 있었다. 학교 갈 나이는 아니지만 질투심과 오기가 강했던 원록은 기어코 형을 따라 학교에 다녔다.

'집까지 이렇게 머나.'

원록은 너무나 돌이 무거웠다. 형은 저만치 멀리 걸어가고 있는데 아무리 쫓아가려고 해도 따라잡을 수가 없었다. 원록은 에라 모르겠다 다시 낙동강 변에 드러누웠다. 햇볕에 데워진 모래가 따뜻했다. 슬슬 졸음이 몰려왔다.

얼마나 잠을 잤던 걸까. 원록이 눈을 떠 보니 주위에 어둠이 깔려 있었다. 그런데도 강변의 모래는 여전히 따뜻하게 느껴졌다.

"어, 저기 문창성이다. 북두칠성 첫 별!"

며칠 전 할아버지께서 별 이름을 가르쳐 주신 게 원록은 기억이 났다. 저 별은 문창성, 저 별은 남극 노인성, 또 저 별은 삼태성. 할아버지는 모르시는 게 없다. 《소학》이랑 《채근담》도 가르쳐 주시고, 안중근 선생 이야기도 들려주시고, 얼마 전에 나라 팔아먹은 매국노들도 말씀해 주셨다. 며칠 전에 원일이랑 몰래 뒷마당 앵두 따먹은 것까지 알고 계시니 정말 모르는 게 없으시다. 그러니까 보문의숙 숙장까지 지내시겠지.

"아, 잘 잤구마. 근데 은제 저녁이 됐뿐나? 형은 집에 갔나?"

그때였다. 갑자기 뺨에 축축하고 말랑말랑한 기운이 느껴졌다. 하얀 말이었다. 쏟아지는 달빛을 받은 하얀 말이 햇살에 반사된 낙동강의 잔물결처럼 눈부시게 반짝거렸다. 말은 앞발을 내디디며 원록의 뺨을 혀로 핥고 있었다. 원록은 하얀 말이 친근하게 느껴졌다.

원록이 일어나자 말은 순하게 자기 등을 내어 주었다. 원록이 등에 오를 때에도 말은 차분하고 얌전하게 원록을 기다려 주었다. 낙동강 변을 내달리기 시작했다. 달빛이 쏟아지는 낙동강 변은 눈부시게 아름다웠다. 그래, 문창성까지 한번 달려 보자. 세상이 새로 시작되는 곳까지 달려 보는 거야.

달빛에 빛나는 낙동강은 은은하게 아름다웠다. 낮 동안에 형이랑 동생이랑 자주 나와서 올챙이랑 가재랑 버들치를 잡고 놀다가 지칠 때면 모래사장에 누워 낮잠을 즐기던 낙동강. 그래도 한밤에 있어 본 적은 별로 없었다. 더더구나 말을 타고 밤에 낙동강을 달리기는 난생 처음 있는 일이었다. 마을과 멀어지는지 개 짖는 소리가 희미해지고 대신 사슴과 고라니 울음소리가 들려오기 시작했다. 순한 짐승의 소리에 흥이 났던지 말은 더 빠르게 내리달렸다.

한참을 내달렸다. 그런데 갑자기 풍경이 달라지기 시작했다. 달이 이울기 시작하더니 어느덧 사라지고 말았다. 달빛이 사라지니 강물이 시커멓게 검어지기 시작했다. 얼마 후 코를 찌르는 퀴퀴한 냄새가 나기 시작했다. 오래된 시궁창 냄새 같았다. 얼마 안 가 말의 움직임이 둔해졌다. 눈앞이 칠흑처럼 어두워 앞으로 나아가는지 통 알 수가 없었다.

갑자기 말이 주저앉기 시작했다. 원록은 말의 고삐를 더욱 세게 잡아당겼다. 하지만 말은 일어서지 못하고 자꾸 뒤로 고꾸라져만 갔다. 원록은 점점 필사적이 되어 갔다. 손바닥이 찢기는 것처럼 쓰라렸다. 말도 신음을 내며 일어서려고 안간힘을 내고 있었다. 겁이 덜컥 났다. 어떻게든 일어서려 했지만 도무지 말이 일어서지 못했다. 뭔가가 뒤에서 강하게 잡아당기는 느낌이었다. 원록은 뒤를 돌아봤다.

아, 이게 뭔가. 시궁창처럼 검은 것들이 말의 다리를 붙들고 늘어졌다. 검게 변한 낙동강 물속에서 검고 끈적끈적한 물체가 헤아릴 수 없이 쏟아져 나오고 있었다. 그것들은 점점 말의 뒷다리, 엉덩이, 등허리에 손길을 뻗치더니 원록의 다리마저 감쌌다. 원록은 소리를 지르며 저항했다. 어느 순간 그것들은 검은 바다 속 원혼들의 무리로 변해 있었다. 혼령들은 바다의 조류처럼 끝없이 반복하며 중얼거렸다. '어서 오라고! 이번에는 네 차례라고!' 그러면서 원록의 어깨와 목까지 뻗어 오기 시작했다.

이 밤에 날 부를 이 없거늘! 고이한 소리!
광야를 울리는 불 맞은 사자의 신음인가?
오, 소리는 장엄한 네 생애의 마지막 포효!
내 고도(孤島)의 이끼 낀 성곽을 깨뜨려다오!

산실을 새어 나는 분만의 큰 괴로움!
한밤에 찾아올 귀여운 손님을 맞이하자

소리! 고이한 소리! 지축이 터지게 달려와

고요한 섬 밤을 지새게 하는구나.

-〈해조사〉 중에서, 이육사.

눈을 떴다. 컴컴한 감방. 땀에 흠뻑 젖었다. 어디선가 멀리 바다의 조류처럼 반복되는 소리가 여전히 귓가에 맴돌았다. 벌써 몇 번째 이런 꿈을 꾸는지 모른다. 눈을 감으면 평화롭던 낙동강 시절이 펼쳐진다. 그러다 한참 단꿈에 빠져 있노라면 갑자기 상황이 달라져서 어느덧 쫓기는 신세가 된다. 며칠 전 꿈에도 어릴 적 풍경들이 떠올랐었다. 형과 동생들이 있고, 원록은 할아버지께 경서를 배우고 있다. 그러다가 낯선 손님이 찾아온다. 그런데 무슨 일인지 손님이 다녀간 후에 할아버지께서 대성통곡을 한다.

또 한번은 형제들끼리 할아버지 책상을 살피다가 도장으로 쓰일 재료들을 발견한다. 할아버지 책상 안에는 박옥, 수정, 상아 같은 도장 재료들이 있었는데 할아버지께서는 글 잘하고 그림 잘하는 놈에게 도장을 주겠노라고 입버릇처럼 말씀하시곤 했다. 원록과 형제들은 몰래 할아버지 방에 들어가 도장 재료들을 만지작거린다. 그러다 갑자기 도장 재료가 권총으로 변해 있다. 그리고 누군지 모를 사람이 권총을 들고 원록을 겨눈다. 몇 발의 총성이 들리고 원록은 꿈에서 깬다.

비슷한 꿈을 몇 번을 반복해서 꾸는지 모른다. 마치 감방 안의 생활이 되풀이되는 것처럼 아무리 벗어나려 해도 매번 비슷한 상황이 반복될 뿐이다. 짧은 산책과 노역 그리고 취조와 고문, 다시 감금, 이런 일상이 반복되다 보니 꿈마저 단조로워진 걸까. 하지만 왜 하필 어린 시절 낙동강이 되풀이되는 걸까. 원록은 생각했다. 가장 아름답고 기억하고 싶은 때가 그 시절이기 때문일 거라고.

되돌아가고 싶다. 그 옛날 낙동강에서 할아버지와 함께 살던 그 시절로. 하지만 그건 이제 더 이상 없는 시절이다. 그 시절로 되돌아가려는 마음, 그건 어쩌면 현실이 두려워 도망치려는 퇴행일 뿐이다. 차가운 감옥소에 아름다운 낙동강은 없다. 그러니 안동 원촌의 원록이라는 이름도 이제는 지워야 한다. 현실은 차가운 검은 바다처럼 냉혹할 뿐. 이곳에 맞는 이름, 새로운 존재로 나아가야 한다. 어떻게 변할 것인가. 어떤 이름으로 살 것인가.

갑자기 감방 밖이 소란해졌다. 발소리들이 격해지고 고함이 들려왔다. 누군가 새로 감옥에 투옥되는 중이었다. 몽둥이 소리가 났다. 그리고 다시 고함 소리.

"더러운 놈들! 조선의 피가 흐르는 자들이 놈들의 앞잡이나 하다니!"

"조용히 하시오!"

"네 이놈들! 부끄럽지도 않으냐! 독립 전쟁을 방해하는 네놈들을 나는 죽어서도 용서하지 않을 것이다!"

사내는 포승줄에 묶이고 용수를 뒤집어썼지만 전혀 위축되지 않았다. 복도에는 그의 목소리가 쩌렁쩌렁 울렸다. 사내는 갑자기 대한 독립 만세를 외치기 시작했다. 호송 일행은 당황했다. 대한 독립 만세라니? 이곳에 사상범들이 그 소리를 듣고 가만히 있을 리 없지 않은가.

호송꾼들이 서로 얼굴만 바라본 채 어찌할 바를 모르고 있던 사이, 체격이 크고 우락부락하게 생긴 간수가 성큼성큼 다가와 곤봉으로 사내의 머리를 내리쳤다. 하지만 사내의 목소리는 전혀 기가 죽지 않고 여전히 서늘하게 울렸다.

"나는 독립 전쟁을 한 것이다. 네놈들은 조선인이 아니더냐!"

"입 다물어! 여기가 어딘 줄 알고!"

"이놈! 일본인이 나를 가두는 것은 전쟁 포로기 때문이다. 네놈은 조선인이 아니더냐! 어찌 나를 핍박하느냐! 내 죽어 원귀가 되어서라도 네놈을 가만두지 않겠다."

"조선이 망한 지가 언젠데. 미친놈!"

놈은 사내에게 또다시 곤봉을 내리쳤다. 뭔가 바닥에 털썩 떨어지는 소리가 들렸다. 더 이상 매질을 견디지 못하고 사내가 혼절한 것이다. 그런데도 아직 의식이 붙어 있는지 입을 달싹거리며 대한 독립 만세라고 외치는 소리가 희미하게 들려왔다. 아니 그 소리는 쓰러진 사내의 입이 아니라 정반대 편, 그러니까 복도의 맨 끝에서 새어 나오는 것 같았다. 낮게 읊조리는 소리는 서너 차례 반복되더니 곧이어 사방으로 흩어지기 시작했다. 간수들의 눈이 휘둥그레졌다. 그들은 어찌할 바를 몰랐다. 소리들은 점점 그 정도가 거세어졌다.

대한 독립 만세! 대한 독립 만세! 대한 독립 만세!

원록의 귀에도 소리가 들려왔다. 그리고 어느새 원록도 입을 달싹거리며 대한 독립 만세라는 말을 되뇌기 시작했다. 간수들은 복도를 뛰어다니며 감방 철문을 두들겼다. 간수들이 다가가는 곳은 소리가 줄어들었지만 그들이 다시 멀어지면 소리가 더 크게 들렸다. 원록은 한동안 멍했다. 어느새 복도를 꽉 메운 대한 독립 만세라는 소리가 원록의 영혼을 뒤흔들고 있었다.

간수들은 이성을 잃은 듯 뛰어다녔고 소리는 한동안 계속되었다. 한참이 지나자 간수장이 십여 명의 간수들과 함께 곤봉을 손에 쥐고 쫓아왔고 그들은 감방 문을 차례차례 열며 수감자들을 제압했다.

그날의 결기는 겉으로 수그러드는 것처럼 보였다. 하지만 수감자들은 자신에게 조선인의 피가 흐르고 있다는 것을 새삼 느꼈다. 그날 원록은 생각했다. 붙잡힌 사내는 독립운동을 투철하게 하던 사람일 것이다. 비록 포승줄에 묶여 있지만 사내의 의지는 잠든 조선의 영혼을 일깨우기에 충분하지 않은가? 대체 사내의 저 강렬한 의지는 어디서 오는 걸까? 원록은 사내가 내뱉는 말들을 떠올렸다. 사내는 분명히 독립 전쟁이라고 했다.

독립 전쟁! 그렇다. 지금은 전쟁 중이다. 전쟁에서 가장 중요한 일이 뭔가? 그건 적들에게 맞서는 일이다. 그동안 원록은 되도록이면 폭력을 피하려 했다. 테러는 타격을 줄 뿐 힘을 키우지 못한다고 생각해 왔다. 하지만 전쟁 중에 어떻게 폭력을 피한단 말인가. 전쟁! 지금은 독립 전쟁 중이다. 남이 폭력을 휘두를 때, 같이 폭력을 쓰면 그건 싸움이고 폭행이다. 그러나 전쟁 중에 폭력은 필연적일 수밖에 없다. 사내는 일본에 홀로 맞서 외로운 전쟁을 치르지 않았나?

'좋다. 독립군! 조선 반도의 독립 군인! 그게 바로 내가 해야 할 일이다.'

그날 복도에서 대한 독립 만세를 외쳤던 이는 장진홍 의사였다. 바로 조선은행 대구 지점에 폭탄을 배달하게 했던 장본인.

원록이 감옥에 있는 동안 일본 경찰은 조선은행 대구 지점 폭파 사건을 처음부터 다시 조사했다. 주먹구구식으로 경찰 숫자만 동원하던 담당자가 경질되고 후쿠다 과장이 새로 부임하였고 그 뒤로 철저한 탐문 수사가 이루어진 끝에 용의자들이 간추려졌다. 그들은 칠곡 출신 장진홍이 폭탄을 제조했다는 사실까지 밝혀냈다. 하지만 장진홍의 행적은 여전히 묘연했다. 그는 이미 조선을 빠져나가 일본에 있었다. 후쿠다는 어서 빨리 진범을 색출하라는 상부의 명령에 차라리 원록 일행을 붙잡아 두는 게 낫다고 판단했다. 책임 추궁도 피할 뿐더러 골치 아픈 민족주의자들을 잡아 두는 효과도 거둔다고 생각했다. 그로 인해 무고한 원록 일행은 아무 이유 없이 모진 고문을 받으며 불법으로 감금당하고 있었다.

시간이 흐르고 일본에서 장진홍을 보았다는 첩보가 경찰에 들어왔다. 조선과 일본을 오고 가던 행상꾼이 장진홍이 오사카에서 안경원을 하는 동생 집에 숨어 지낸다고 제보를 한 것이다. 1929년 2월 14일. 조선은행 대구 지점 폭파 사건을 결행한 장진홍은 끝내 일본 경찰에 체포되었다. 그는 젊은 시절 생계 때문에 조선 보병대*에 입대했지만 이내 환멸을 느끼고 제대하였다. 당

---

* 조선 보병대는 일제가 1907년 군대를 해산시킨 후, 군인들의 불만을 무마하기 위해 만든 부대로 황실 보호를 주목적으로 하였고, 1931년 해체되었다.

시 조선 보병대는 무늬만 군대였을 뿐더러 딱히 하는 일도 없었고 총독부에서 월급을 받는 탓에 조선 사람들에게 거센 비난을 받아야 했다. 장진홍은 조선 보병대를 떠나 곧바로 광복단**에 가입하였고 군사 훈련을 거쳐 거사를 실행한 것이었다.

장진홍 의사가 대구로 압송되어 왔고, 그가 조선은행 대구 지점 폭파의 진범이라는 것은 고등계 형사들은 물론, 간수들도 잘 알고 있었다. 하지만 후쿠다 과장은 원록을 그냥 풀어 줄 수 없었다. 전혀 입을 열지 않는 원록에게 뭔가 독한 기운이 서려 있고, 그것이 언젠가는 자신들에게 큰 화근이 될 거라고 직감했기 때문이었다.

식사를 배급하는 시간. 갑자기 밖에서 어디선가 '탁탁탁' 하는 소리가 들려왔다. 누군가가 나무 그릇을 숟가락으로 두들겨 소리를 내고 있었다. 마치 일정한 구호를 외치는 것 같았다. 한두 번 있던 일이 아니다. 얼마 전 사내가 투옥된 후로 규칙적으로 숟가락을 두드리는 소리가 났다. 모진 고문을 받는 사내에게 존경과 위로의 뜻을 보태고 그를 응원하는 메시지를 수감자들은

** 광복단은 일본인 고등관 및 민족의 변절자 등을 처벌하기 위해 조직된 독립운동 단체를 가리킨다.

전하고 있었다.

원록은 마음으로 사내를 응원하며 한편으로 자신도 일본과의 외로운 전쟁에 뛰어들기로 다짐했다. 그러면서 자신의 새로운 이름을 생각하고 있었다. 전투에 임하기 위해 강렬하고 힘 있는 이름이 필요했다. 가장 먼저 떠오르는 건 활(活)이었다. 지난번 중국에서 학교를 다닐 때에 임시로 사용한 이름이었다. '소생하다, 생기가 있다, 태어나다'는 의미도 있고 어두운 감옥을 어머니의 자궁으로 여기고 다시 태어난다는 의미로 삼아도 좋을 것 같았다.

그때였다.

"264번! 식사다! 5분 후에 취조실로 갈 테니 서두르도록!"

바닥 근처에 있던 조그만 철문이 열리고 희멀건한 국물이 담긴 나무 그릇과 함께 신경질적인 목소리가 감방 안으로 들려왔다.

"264번?"

'264번. 그래 나는 264였지. 이백육십사, 2, 6, 4, 이육사. 너희가 부르는 혐오와 멸시의 수인 번호 이육사. 그래 그렇다면 기꺼이 이육사가 되어 주지.'

문득 원록은 도쿄 시절 불령사가 떠올랐다. 불량한 조선인이라며 일본인들이 부르던 불령선인이라는 말을 본떠 불령사라는 이름을 지었던 아나키스트들. 그들처럼 간수들이 자신을 부르는

이름인 이육사에 놈들을 희롱하는 의미를 담아 실컷 비웃어 주
고 싶었다.

"오랜만이군. 264번!"

취조실이다. 고등계 후쿠다 경부였다. 원록의 형제들을 고문
했던 형사.

"언제 나를 재판에 넘길 셈이오!"

원록이 후쿠다에게 따져 물었다. 원록은 아직도 미결수 신분
이었고 정식 재판도 제대로 받아 본 적이 없었다.

"재판? 재판은 무슨 재판! 264번은 수사도 제대로 안 끝났는
데."

"대일본 제국이라더니 이런 법이 어디 있소? 면회마저 금지해
놓고."

"네놈들이 협조를 안 하니 조사가 끝나지 않는 거 아니냐! 어
디 함부로 제국을 들먹여!"

후쿠다는 날카로운 눈초리로 얼굴을 쏘아본 뒤, 분이 풀리지
않는지 원록의 얼굴을 두어 차례 갈겼다. 원록의 얼굴에서 코피
가 흘러 내렸다.

"1년이 넘었다. 여기 들어온 게 벌써 1년이 훌쩍 지났단 말이
다. 264번! 아직도 정신 못 차리고 덤빌 건가!"

원록은 아무 말도 하지 않았다. 다만 264번이라는 말이 계속 입안에서 맴돌았다.

어색한 침묵이 흘렀다. 잠시 후 후쿠다는 좀 전과는 완전히 딴판으로 비굴한 웃음을 띠며 원록에게 머리를 들이대고 속삭였다.

"264번! 이렇게 고생할 거 있나! 나도 자네가 고생하는 걸 보면 딱해 죽겠어! 그러지 말고 민족 운동한다는 놈들 아는 만큼 이름을 대 봐! 한 놈이라도 대면 지금 당장 기름진 고기를 내어 주지! 자네는 커피도 즐기고 버터도 즐기는 미식가라면서. 당장이라도 내어 줌세."

"고기? 고기라고? 그래! 육사! 육사! 이거였군. 고기 육(肉)에 쏟을 사(瀉). 이보시오! 나는 고기를 먹으면 곧바로 설사를 한다오. 그러니 기름진 고기는 사양하겠소."

"뭐라는 거냐? 이런 미친놈을 봤나! 바카야로 같으니. 독방에 있다 보니 미친 게로군."

후쿠다는 원록의 머리채를 휘어잡은 채 능글맞은 웃음기를 띠며 말했다.

"언젠가 네놈의 아가리를 반드시 열게 만들 거다. 곧 다시 만나겠지. 간수! 데려가라!"

원록, 아니 육사는 생각했다. 이제 배부르고 따뜻하고 편안하고 안락한 것들은 가라. 혀를 호사스럽게 하는 기름진 음식, 화려한 옷가지는 더더욱 맞지 않다. 이제 육사(肉瀉)가 되어 진짜 전쟁을 해 볼 거다.

육사! 육사는 이날 원록이라는 이름을 가슴에 묻었다. 지금은 원록이라는 이름 뜻처럼 복록을 누릴 수 없으니 가슴속에 씨를 뿌렸다가 언젠가 싹이 트면 그때 다시 이름을 되찾겠다. 지금부터 원록을 지우고 육사가 된다. 현재를 비트는 이름, 이름만으로 저항과 불쾌감을 주는 이름, 일제의 금기를 건드리는 이름, 오욕의 역사를 다시 쓰는 그런 이름으로 새로 태어나야 한다. 활, 대구 264, 육사, 고기 육(肉)에 쏟을 사(瀉), 아니 죽일 육(戮)에 역사사(史). 그 이름을 들고 역사를 바꾸러 나아가야 한다.

오! 구름을 헤치려는 말이여!

흐트러진 갈기

후줄근한 눈

밤송이 같은 털

오! 먼길에 지친 말

채찍에 지친 말이여!

수긋한 목통

축 처진 꼬리

서리에 번쩍이는 네 굽

오! 구름을 헤치려는 말

새해에 소리칠 흰 말이여!

- 〈말〉, 이육사.

1930년. 경오년. 말의 해, 그것도 기운이 세다는 백말 띠의 해. 육사는 스스로 새해를 기념하는 의미를 담아 신문에 시를 발표했다. 증거 불충분으로 출소한 지 이제 8개월째. 일제는 장진홍 의사를 붙잡아 놓고도 석 달이 지나서야 육사를 풀어 주었고 얼마 전에야 면소° 판결을 내렸다. 육사는 1년 7개월이라는 먼 길을 채찍을 맞으며 달리는 동안 지칠 만큼 지쳤지만 이제는 새롭게 전쟁을 시작하는 만큼 강렬한 의지를 널리 알리고 싶었다.

옥문을 나설 때 울음을 터트린 아내를 보고 육사도 마음이 아팠다. 아내는 육사 형제가 감옥에 있는 동안 옥바라지를 하느라 유독 마음고생이 심했다. 핏물로 물든 수의를 받아들 때마다 아내의 마음은 찢어졌다. 늘 바깥일에 촉각을 곤두세우고 살뜰한 말 한마디, 정겨운 눈빛 한 번 주지 않는 남편이 아내에게는 야속했다. 그러다 마침내 옥에 갇혀 1년 7개월이나 세상에 없는 사람처럼 살았으니 아내의 서러움이 북받쳤다.

육사는 흐느끼는 아내를 바라보며 아주 잠깐 남들처럼 타협

● 1927년 10월 18일 대구 조선은행 대구 지점 폭탄 사건 발생 후 2년만에 예심이 종결되어 대구 지방 법원에 회부된다. 그 사건의 주동자는 보병대 출신의 칠곡 장진홍이며 이에 관련된 피고는 다음과 같다. 이정기, 이원록, 이원기, 이원유, 조재만, 이경식, 마종석, 김형갑, 조우제, 강진규, 김기용, 황진영, 박관영, 정용해, 소림봉치, 이봉식, 박문선, 정방락. (《동아일보》 호외, 1929. 12. 28)

하면서 아들딸 낳고 평범한 일상을 사는 게 어떨까 생각했다. 그 순간 육사는 감옥에서 얻은 새로운 이름을 떠올렸다. 죽일 육 (戮), 역사 사(史). 이제 사사로운 감정을 앞세울 수는 없었다. 육사는 흐느끼는 아내에게 그저 덤덤하게 울음을 거두라고 말했을 뿐이었다.

그렇게 육사는 집으로 돌아왔고 8개월이 흘렀다. 그동안 일가 친척들에게 인사도 하고 친구들을 만나기도 하면서 육사는 어떻게 하면 어둠에 맞설지 생각하고 또 생각했다. 당장 그는 군인이 되고 싶었다. 장진홍 의사처럼 고독한 전쟁을 치르고 싶었다. 하지만 방법이 없었다. 폭탄을 만들거나 무기를 구할 수 있는 방법도 몰랐고, 무엇보다 출소 후 육사의 가정은 생계조차 막막했다. 육사는 자신이 할 수 있는 일과 그간 못다 한 일을 시작하기로 했다. 무엇보다 중국에서 마음먹었던 것처럼 일단 기자가 되어 글을 써 볼 작정이었다. 역사를 다시 쓴다는 심정으로, 고독한 전쟁을 치른다는 각오로 날카롭고 공격적인 기사를 쓰리라 마음먹었다.

"올 초에 이활 군이 발표한 시는 잘 읽었습니다. 좋은 시더군요. 이왕이면 우리 신문에 발표하지 그랬어요. 패기가 돋보이던데."

〈중외일보〉 대구 지국. 육사는 생애 처음으로 직장을 잡았다.

중외일보는 몇 해 전까지 〈시대일보〉였었다. 민족 신문이 대개 그렇듯 경영 문제로 곡절이 많았던 신문사였다.

"좋게 봐 주셔서 고맙습니다. 선배님."

"선배는 무슨? 나, 윤세주요. 같은 신문쟁이끼리 그냥 친구처럼 지냅시다. 하하."

윤세주? 윤세주라면 밀양 청년 동맹을 이끌던 사람이 아니던가? 3·1 운동 때 밀양에서 만세 시위를 주도하고 독립 신문 경남 지국을 운영하다 만주에서 신흥 무관 학교까지 다녔다는 그 사람? 얼마 전까지 신간회 간부로 활동하던 그 윤세주가 눈앞에 있다니.

"유, 윤세주라고 하셨습니까?

"그렇소. 나, 밀양 사람 윤세주요."

"영광입니다. 말씀은 많이 들었습니다. 저도 청년 동맹에서 일을 해 봐서 선배님의 무용담은 익히 들었습니다."

"하하하! 난 보다시피 숙맥이라오. 무용담은 무슨."

"선배님도 그럼 기자십니까?"

"그런 셈이죠. 저는 활 군처럼 글을 잘 쓰질 못해서 주로 영업이랑 경영을 담당하고 있어요. 사는 곳은 부산이지만 대구를 자주 오가고 있죠. 가끔 서울도 가고요."

"잘 부탁드립니다, 선배님. 많이 가르쳐 주십시오."

"제가 배워야죠. 앞으로 시간은 많으니 서로 도웁시다. 제가 신문사에 가끔 들르다 보니 이활 군 보기가 쉽지 않았어요. 활 군이 임용되는 것도 나중에 알았는데 그사이 경찰서에 붙잡혀 갔다고 하더군요."

"3·1 만세 날이 다가오니까 혹시나 무슨 일을 벌일까 싶어서 경찰서에 구금시키더군요."

"학생 운동으로도 감옥에 다녀왔다면서요?"

"광주 학생 투쟁 때문에요. 청년 동맹에서 일했거든요."

"나는 이활 군이 쓴 시 때문에 잡혀갔나 했소. 그만한 시를 가지고 경찰이 잡아가지는 않을 텐데, 궁금하기는 했었지. 이활 군! 경력이 만만치 않소이다. 벌써 세 번째 구속인데. 그렇게 해서 기자 생활을 할 수는 있겠소? 신문사보다 경찰서나 감옥소에 더 자주 드나드는 것은 아닌지 걱정되는군요. 하하하!"

육사가 출소하던 무렵 학생 항일 운동이 광주와 대구를 비롯해서 전국 곳곳에 들불처럼 일어나고 있었다. 각지에서 동맹 휴학이 전개되었고 신간회는 대규모 민중 대회를 준비하고 있었다. 하지만 경찰이 눈치채서 무산되었고 이때 육사도 대구 청년 동맹 간부라는 혐의로 구속되었었다.

"곡절이 많아요, 이활 군. 그건 그렇고, 우리 신문사 사정이 어렵다는 것은 잘 알고 있지요? 1년쯤 지났나? 일본에 저항하는 중국을 배우자는 글을 썼다가 무기한 발행 정지를 당했었죠. 월급이나 제때 줄지 모르는데 일이 괜찮겠어요?"

"〈중외일보〉가 민족을 위한 글을 자주 싣는 게 저는 좋습니다. 다른 신문보다 대중과 소통하는 노력도 돋보이고요. 시사 만화도 있고 독자와의 질의응답 코너도 있고요."

"그렇게 말해 주니 고맙군요. 〈조선민보〉나 〈매일신보〉만 없으면 신문 판매도 더 늘어날 텐데. 대구 바닥에 일본인들이 원체 많고 그들이 돈을 움켜쥐고 있으니 놈들이 여론을 선동하기도 쉬워지고 있습니다. 큰일이에요."

"너무 걱정 마십시오. 얼마 전부터 구독자도 조금씩 늘고 있다고 들었습니다."

"아참, 장진홍 선생이 아직 재판 중이지요? 얼마 전에 2심에서도 사형이 언도되었다고 하던데. 활 군이 취재한다면서요? 활 군한테는 참 각별하겠습니다. 고등 법원 판결은 다음 달 중순이라고 들었는데……."

장진홍! 육사는 그의 이름 석 자를 듣자마자 온몸에 전율이 흘렀다. 장진홍! 육사는 감옥의 복도를 지나가던 기개 넘치던 사내를 떠올렸다. 하지만 그를 제대로 본 적은 없었다. 육사만이 아니었다. 수감자들 중 그를 보았다는 사람은 거의 없었다. 감옥에서조차 늘 비밀스럽게 취조실로 끌려갔기 때문이었다. 그는 그곳에서 혹독한 고문을 받았다. 하지만 그때마다 자기를 고문하는 자들을 꾸짖었을 뿐, 아무 말도 하지 않았다고 했다.

대구 지방 법원은 그에게 사형을 언도했다. 그러자 장진홍은 재판정에서 갑자기 일어나 또다시 대한 독립 만세를 외쳐 주위를 놀라게 만들었다고 했다. 하지만 이런 사정을 아는 사람은 드물었다. 일본 법원이 장진홍 재판의 방청을 엄격하게 금지했고 일제에 순응하는 언론이 제대로 보도를 하지 않았기 때문이었다. 장진홍 의사의 2심 재판이 열리던 4월에도 재판은 비공개였다. 게다가 〈매일신보〉나 〈조선민보〉 같은 친일 언론은 그를 범죄자 이상으로 다루지 않았다.

기자 신분이었지만 육사도 그날의 재판을 방청할 수는 없었다. 2심 재판에서도 장진홍 의사에게 사형이 언도되었다. 재판정에서 장진홍 의사는 가만히 있지 않았다. 그는 하늘을 쳐다보고 크게 웃은 다음 어느 사이에 준비해 둔 주먹만 한 돌을 꺼내 재판장을 향해 던지고 대한 독립 만세를 큰 소리로 삼창한 뒤 다시 의자를 집어 던졌다고 했다. 이날의 재판은 육사가 법원의 말단 직원에게 담배를 사 주며 겨우 얻어들었다. 그래서일까. 〈중외일보〉만이 제대로 된 기사를 썼을 뿐, 다른 신문들은 기사 한 줄도 아까워했다.

하지만 장진홍의 재판에 죄책감과 감동을 느낀 이들이 하나둘 주변 사람에게 입을 열었고, 그 사실은 어느새 서문 시장 골목길이나 동성로 카페 한 귀퉁이에서 은밀하게 주고받는 밀담이 되어 가고 있었다. 어쩌면 육사에게는 장진홍 의사에 대한 일말의 원망이 있을 법도 했다. 장진홍의 거사로 육사 일행이 잡혔고 모진 고문을 당했으니 말이다. 그러나 육사는 원망은커녕 장진홍에게 경외감을 느꼈다. 권총 한 자루도 쥐어 보지 못한 시골뜨기 원록을 투쟁적인 육사로 다시 태어나게 해 주었으니 말이다.

7월 21일 대구 고등 법원 앞. 육사는 아침부터 법원 앞을 서성거리고 있었다. 칼을 찬 헌병 둘이 출입문을 지키고 있어서 삼엄한 분위기가 느껴졌다. 법원 앞은 한산했다. 오늘 법원에서 어떤 판결이 있는지 사람들은 잘 알지 못하는 것 같았다. 일제는 대구 지역 언론을 통제하여 재판이 주목받는 것을 철저히 막고 있었다. 가장 아쉬운 것은 대구 시민들의 관심이 예전만 못하다는 것이었다. 나라를 빼앗긴 지 어언 20년. 젊은 세대는 태어날 때부터 식민 체제에 길들여져 있었고, 기성세대는 식민 지배에 물들어 조선에 대한 기억은 희미해지고 있었다.

본래 대구는 어느 도시보다 독립에 대한 움직임이 활발했던 곳이었다. 구한말에는 국채 보상 운동이 시작된 곳이었고 의병 등 항일 투쟁도 가장 활발했던 지역이었다. 나라가 망한 후로도 일제에 대한 저항은 계속되어 비밀리에 조직된 독립 의군부가 각국의 외교 사절에게 국권 반환을 요구하는 운동을 펼쳤고, 광복회는 친일 부호들을 처단하려고 독립 자금을 모금했다. 3·1 운동 후에도 임시 정부나 의열단에 보낼 자금을 은밀히 모금하여 만주로 보낸 일도 적지 않았다.

대구는 사회주의를 표방한 단체도 적지 않았다. 일제 강점 후 대구는 외형적으로 끊임없이 성장하고 있었다. 도시 거주자는 꾸준히 늘어났고 거주 일본인도 이만여 명을 훌쩍 넘어섰다. 공장이 들어서고 상업 시설이 여기저기 생기면서 도시는 꾸준히 팽창했다. 하지만 사람들의 삶은 나아진 게 없었다. 도시가 커지는 만큼 민족 간의 차별과 빈부 격차, 계층 사이의 갈등도 팽창했던 것이다. 일본인들 그리고 친일 자본가와 지주들은 노동자와 농민의 노동력을 철저히 착취했다. 그들은 농사를 짓고 막노동을 해 봐야 입에 풀칠할 돈을 겨우 얻기 일쑤였다. 이런 상황에서 약자의 편에 서서 소작료 인하를 요구하고, 노동자의 정당한 대우와 권리를 요구하는 사회주의 운동은 대중의 지지를 얻고 있었다.

그러던 대구가 최근 들어 시민 사회 운동이 시들해졌다. 일본 경찰이 저항의 도시 대구를 뿌리째 흔들어 놓고 있었다. 조선은행 대구 지점 폭파 사건을 시작으로 신간회 민중 대회 사건, 거기다 항일 학생 운동까지. 연달아 일어난 저항에 일제는 운동가들을 철저히 색출했고 모진 고문을 가해 조직을 뒤흔들어 놓았다. 친일 자본가들은 이 틈을 놓치지 않았다. 그들은 대구에 유흥가를 조성하여 시민과 학생들의 정신을 술과 오락으로 흐릿하게 만들고 있었다.

육사는 법원 앞을 서성거리며 대구의 사회 단체에 대한 글을 써 보면 어떨까 생각했다.

'지금 대구는 시민 운동가들이 희생되면서 진영 자체가 무너지고 있다. 이들을 계승할 만한 용감한 투사가 끊임없이 나와야 할 때다. 장진홍 선생을 이어 가야 하지 않나?'

육사는 이런 의도로 글을 쓴다면 적어도 장진홍 의사에 대한 마음의 빚은 덜 수 있을 거라고 생각했다.

재판 시간이 다가오자 기자들의 모습이 하나둘 보이기 시작했다. 〈동아일보〉, 〈조선일보〉 기자들이 눈에 띄었고, 〈조선민보〉, 〈매일신보〉 기자도 와 있었다. 육사는 빈정이 상했다. 그들이 장진홍 의사의 사건을 제대로 쓸지 의문이 들었다. 특히 〈매일신보〉는 일본에 찬동하는 총독부 기관지라서 장진홍 선생을 극악한 테러리스트처럼 기사를 낼 게 뻔했고, 최근 〈동아일보〉 측 기자들도 독립보다는 자치에 기우는 기사들을 내보내고 있어 그들과도 미묘한 갈등이 있었다.

시간이 흐르자 법원 앞 골목에 사람들이 모이기 시작했다. 어떻게 알았는지 학생들과 일부 시민이 모여 들고 있었다. 학생들은 지나가는 행인들에게 은밀하게 뭔가를 나눠 주는 것처럼 보였다. 그저 스쳐 지나가는 사람들도 있었지만 또 다른 사람들은 발걸음을 멈추고 무리에 뒤섞였다. 어느덧 사람들의 숫자가 수십여 명으로 늘었다. 아무리 저항의 열기가 예전만 못하다고 했지만 대구는 역시 대구였다. 무리 중 한 사람이 앞에 나서더니 외쳤다. 재판을 공개하라고 외치기 시작했다. 다른 이들도 함께 소리치기 시작했다.

사람들이 모이는 것을 지켜본 헌병 중 하나가 어디론가 달려갔다. 얼마 지나지 않아 규칙적인 발소리가 들려오더니 경찰 헌병대 수십 명이 법원 앞을 빙 둘러쌌다. 사람들은 당황했고, 몇몇은 무리에서 이탈해서 자기 갈 길로 떠났다. 그러나 여전히 학생과 시민 일부는 재판 공개를 요구하며 맞섰다. 콧수염을 길게 기른 경찰 헌병대의 우두머리는 무리에게 외쳤다.

"학생들은 들어라. 허튼짓을 하면 곧바로 연행하겠다. 해산하고 돌아가라!"

그러나 시위 군중은 줄어들지 않았다. 오히려 앞에 서서 군중을 이끄는 학생의 목소리는 더 커졌다. 군중들은 대담하게 '장진홍 무죄'라는 말을 외치기 시작했다. 헌병대는 곤봉을 꺼내들었다. 따가운 태양빛은 점점 사나워지고 있었다. 하지만 동시에 서쪽 하늘에 뭉게구름도 심상치 않았다. 시위대의 목소리도 거세지고 헌병대의 확성기 소리도 커져 갔다. 금방이라도 헌병대가 군중들을 때려잡을 것 같은 분위기였다.

재판 시간까지 삼십여 분 정도 남았을까. 트럭 한 대가 법원 반대편에서 뿌연 먼지를 일으키며 다가왔다. 그리고 헌병 서너 명이 트럭을 에워쌌다. 머리에 용수를 뒤집어쓰고 두 팔이 포승줄에 묶인 한 남자가 헌병대에게 연행되어 나오고 있었다. 그는 모진 고문 끝인지 절뚝거리며 걷고 있었다.

"장진홍 선생이다!"

학생 시위대 중 누군가가 소리쳤다. 군중들은 장 의사를 보기 위해 발뒤꿈치를 치켜들었다. 얼마 후 그가 제대로 걷지 못하는 것을 보고 탄식하는 소리가 쏟아졌다.

군중들은 그를 좀 더 가깝게 보기 위해서 출입문 쪽을 향해 몰려들었다. 그러자 헌병들이 곤봉을 꺼내들고 막아서기 시작했다. 몇몇 학생들은 헌병대 틈을 비집고 들어가려다 곤봉에 머리를 가격당하고 쓰러졌다. 순식간에 법원 앞은 아수라장이 되고 말았다. 그 순간 장대 같은 소나기가 쏟아지기 시작했다. 떨어지는 빗줄기를 맞으며 사람들은 뒤엉켰다. 곤봉이 하늘 위를 가로질러 빗줄기와 함께 군중들을 두들겼다. 그러는 동안 장진홍 의사는 재판정으로 들어갔다.

소동이 일어날 즈음 육사는 평소 알고 지내던 법원의 말단 직원과 사무실에서 이야기를 나누고 있었다. 재판정에 들어갈 방법을 부탁하기 위해서였다. 하지만 끝내 재판을 방청할 방법은 없었다. 대신 재판이 어떻게 진행되는지 살펴만 달라고 귀띔을 해 두었다. 그는 기록물과 증거품을 정리하는 일을 하고 있어서 재판정 안에 들어갈 수 있었다.

재판은 길지 않았다. 형이 이미 확정되어 있었기 때문이었다.

"어떻게 됐소?"

"싱겁게 끝났소이다. 기각이오."

"기각이라니?"

"말 그대로요. 상고가 기각되었다는 말이오. 이 말이 무슨 뜻인지 알지 않소?"

상고의 기각. 그러면 원심이 확정되었다는 말이다. 또다시 사형! 장진홍 의사의 형이 확정되는 순간이었다.

"안타깝지만 어쩌겠소? 그리고 그 양반, 이미 죽을 각오던데 뭘. 선처를 바란다는 말도 안 하고 재판장 앞에서 꼿꼿하게 군인 행세까지 하던데. 그 사람 기개는 참 아깝더이다."

육사의 마음은 괴로웠다. 그를 위해서 할 수 있는 일이라는 게 고작 몇 줄의 기사를 쓰는 것뿐이라는 것에 자괴감이 들었다.

축 처진 어깨로 신문사에 돌아온 육사를 보며 때마침 자리를 지키던 윤세주가 말했다.

"너무 상심하지 맙시다. 그리고 제대로 기사를 씁시다. 그분의 죽음을 헛되게 할 수는 없잖소. 사실을 왜곡하는 신문에 맞서려면 활 군이 힘을 내야 되지 않겠습니까?"

며칠 후 이른 아침부터 한 사내가 신문사에 찾아왔다. 사내는 식은땀을 줄줄 흘리고 있었다. 대구 형무소에서 간수를 하던 자였다. 육사가 형무소 생활을 할 동안에 안면이 텄고, 육사의 처지를 안타깝게 여겨 여러 가지로 배려를 해 주던 간수였다.

"이보시오, 264번. 아, 아니 미안합니다. 버릇이 돼 놔서."

"괜찮습니다. 그렇게 부르세요. 오늘 근무는 어떻게 하시고 여기까지……."

"오늘 몸이 안 좋아서 하루 쉰다고 하고 왔습니다. 기자가 되셨다길래……. 여기 오는 내내 가슴이 떨려 죽는 줄 알았소. 이따가 밖에 나갈 때, 조용히 나갈 방법 좀 일러 주시오."

"네, 그렇게 하죠. 저쪽에 쪽문이 있습니다."

"나도 같은 조선 사람으로서 참 너무한다는 생각이 들고 도저히 양심의 가책 때문에 이야기를 털어놔야겠소."

"무슨 일입니까?"

"그게 글쎄. 어제 형무소가 야단법석이었소."

"왜요?"

"자, 장진홍, 장진홍 그 양반이 어제 죽었소."

"뭐라고요? 아직 집행 날짜도 정해지지 않은 사람을 그냥 죽였단 말입니까?"

"그게 아니라. 스, 스스로, 스스로 죽었단 말입니다."

"뭐라고요?"

"자결했어요. 떠도는 이야기를 들어보니 긴 칼을 썼던 모양입니다. 일본 놈들한테 죽임을 당하느니 차라리 깨끗하게 자결한 것 같습니다. 성품이 워낙에 대쪽 같지 않습니까?"

육사는 머리가 멍해졌다. 어쩌면 그는 처음부터 그럴 작정이었을 것이다. 죽음 따위를 두려워했더라면 일제에 저항하는 것을 어떻게 꿈꿀 수 있었을까.

"그런데 형무소 놈들이 자결로 발표를 안 할 모양입니다. 일본 놈들은 자결을 명예롭게 여기지 않습니까? 게다가 자결했다는 소문이 퍼지기라도 하면 목숨마저 아까워하지 않는 조선 사람의 기개가 주목받겠죠. 사람들이 다시 일어설 지도 모르고요. 그걸 두려워하는 것 같아요."

"그래서요? 어떻게 하려고 하고 있습니까?"

"장진홍 의사가 평소 술에 찌들어서 뇌충혈로 죽었다고 발표할 모양입니다."

"의로운 죽음을 개죽음으로 만들 작정이군. 나쁜 놈들."

"수감자들이 난리가 났어요. 천오백 명쯤은 될 겁니다. 그분 시체를 여덟 시쯤 옮겼는데, 어떻게 알았는지 수감자들이 사인을 규명하라고 소리를 지르고 만세를 부르고. 꼭 폭동이라도 일으킬 지경이었습니다. 경찰들이 와서 진정을 시키기는 했는데. 무섭더이다. 지금 수감자들이 단식 투쟁에 들어갔어요."

육사는 피가 거꾸로 솟았다. 장진홍 의사가 스스로 목숨을 끊었다는 것도 놀라웠지만 그것을 왜곡하려는 일본에게는 치가 떨렸다.

"그리고 여기 이거 받으시오. 옥중에서 그 양반이 총독부에 보내라고 줬던 서신이오. 이걸 가지고 있다가는 내 몸도 성치 못할 거라는 생각이 들더이다. 없애 버릴까도 생각했지만 그래서는 안 될 것 같아서……. 당신이 부쳐 주시구려."

육사는 봉투를 건네받았다. 겉봉에 조선 총독부 사이토에게 전한다는 말이 쓰여 있었다. 육사는 편지를 꺼내 보았다. 한 글자 한 글자마다 두려움 없는 영혼과 불타는 신념이 스며 있었다. 비록 한 번을 마주하지 못했지만 손끝으로 전해지는 장진홍 의사의 기운은 육사의 두 눈을 뜨겁게 만들었다.

너희들 일본 제국이 대한제국을 빨리 독립시켜 주지 않으면

너희들이 멸망할 날도 멀지 않을 것이다.

내 육체는 네놈들의 손에 죽는다 하더라도

나의 영혼은 한국의 독립과 일본 제국주의 타도를 위하여

지하에 가서라도 싸우고야 말겠다. **

** 1930년 장진홍 의사가 순국하기 직전에 옥중에서 조선 총독에게 보낸 서한 중 일부다.

다른 하늘을 얻어 이슬 젖은 별빛에 가꾸련다

장진홍 선생이 옥사한 후, 육사의 〈중외일보〉는 선생의 이야기를 짧게나마 진정성 있게 다뤘다. 하지만 다른 신문들은 침묵하거나 일제가 말하는 것을 고스란히 받아 적을 뿐이었다. 육사는 한동안 침통했다. 기자로서의 삶이 과연 일제에 맞서는 일인지 자괴감이 들었다.

"너무 상심 말아요. 활 군이 이러고 있으면 장 선생이 어찌 생각하겠소?"

윤세주의 말이었다. 그는 부산과 서울을 바쁘게 돌아다녔지만 대구의 청년 공동체에 관심을 적잖이 기울이며 육사의 벗이자 동지가 되어 주었다.

"얼마 전 활 군이 쓴 〈대구 사회 단체 개관〉이라는 글 말이에요. 학생들이 두루 읽는 것 같더이다. 지난번 청년 모임에 나갔는데 학생들 분위기가 심상치 않더군요. 꼭 무슨 일을 벌일 것 같았어요. 활 군이 쓴 글이 선동한 건 아닌지 몰라요. 하하. 그러니 힘을 냅시다.”

“제 글이 아니라 장진홍 선생 덕이겠지요. 그분이 사그라드는 대구에 다시 불을 지핀 겁니다.”

“무슨 겸손의 말씀을. 활 군이 아니었다면 장 선생의 일은 그냥 묻혔을 겁니다. 〈중외일보〉가 그나마 다룰 수 있었던 건 모두 활 군 덕이잖소. 시민 사회를 분석한 글도 사람들에게 많이 자극을 줬어요.”

“저는 그저 할 일을 했을 뿐입니다.”

“사그라드는 불을 아무나 살리는 건 아닙니다. 그건 그렇고, 이왕에 불이 되살아났으니 말인데 우리 군불 한번 제대로 때 봅시다.”

“군불이라뇨?”

“얼마 전에 청년들 소모임에서 그러더군요. 정치 철학과 세계 역사를 배우고 싶다고. 생각해 보니, 그 일에 활 군이 아주 제격인 듯싶소. 장 선생의 뜻을 기릴 겸, 어때요? 비밀리에 청년들에게 강의를 해 보는 게. 대구 청년 학생들 중에는 아직도 장 선생 일을 모르는 이들이 많으니 장진홍 선생의 의로운 죽음을 알릴 수도 있고. 일본, 중국에서 공부한 아나키즘과 사회주의도 들려주고. 아참, 루쉰이었나요? 지난번에 말했던 중국 작가? 그분 작품을 함께 읽는 것도 좋죠."

육사는 세주의 말에 기운이 났다. 육사는 청년 동맹 사건으로 구속된 후 청년 운동이 죽어 가는 줄만 알았다. 하지만 그게 아니었다. 장진홍 의사의 일로 청년 소모임이 학교 단위로 다시 결성되고 있었다. 세주는 그 모임들의 대표를 알고 지냈고, 육사에게 소개를 해 주었다.

모임을 이끄는 이들은 언젠가 본 적이 있던 얼굴들이었다. 장진홍 의사의 결심 공판에서 시위를 주도한 이들이었다. 이제 막 소년티를 벗기 시작한 학생들도 있었다. 육사는 낮에는 신문 기자로 취재를 다니고, 밤에는 신문사 편집실에서 학생들과 토론을 벌였다. 이 시간에 육사는 자본주의의 한계와 민족주의의 가치, 사회주의와 아나키즘의 차이, 제국주의의 팽창과 몰락에 대해 의견을 나눴다. 그러면서 일본도 몰락할 텐데 그 시점은 각자가 그 사실을 얼마나 확고히 믿느냐에 따라 달려 있다고 말했다. 믿음을 가진 이들이 공동체를 만들고, 각각 자기 영역에서 힘을 길러 저항한다면 혁명은 자연히 뒤따라오겠지만, 일본의 몰락을 믿지 않으면 권력에 기대게 되고, 그렇게 되면 일본은 더 강해지며 그들의 몰락은 멀어질 거라고 말했다.

"여러분 스스로가 민족주의자이자, 아나키스트가 되어야 합니다. 일본의 권력에 순응하지 않으려면 무엇보다 자립해야 합니다. 경제적으로, 정치적으로 자립해서 소모임을 만드세요. 지금 여기 모인 사람들만이라도 말이지요."

낮 동안의 기자 생활보다 밤에 청년 학생들을 만나는 것이 육사는 더 뿌듯했다. 몸은 피곤하고 얼마 전 태어난 아들 동윤이를 사랑해 줄 여유는 없었지만 김묵과 이정기, 장진홍 선생에게 졌던 마음의 빚을 조금씩 갚는 것 같았다. 무엇보다 육사(陸士)라는 이름값을 드디어 하는 것 같았다. 본래 육사는 육사(戮史)라고 이름을 정했었다. '역사를 죽이고' 새로운 역사를 만들어 보겠다는 뜻이었다. 그것을 종숙 어른 이영우가 뜻이 지나치게 노골적이라고 지적해서 같은 뜻을 지닌 육사(陸士)로 바꾸었다. 어차피 '땅 육(陸)'에도 '뛰다, 어긋나다'는 뜻이 있으니 역사를 바꿔 보겠다는 의미가 달라진 건 아니었다.

1930년 10월. 대구 농림 학교가 동맹 휴학을 했다. 조선 학생에 대한 차별을 멈추라는 요구였다. 그리고 그해 11월. 이번에는 시내 한복판에 일본을 배척하자는 격문이 거리에 뿌려졌다. 얼마 후 대구 고등 보통 학교 학생들도 동맹 휴학에 가담했다. 일제 당국은 수그러들지 않는 동맹 휴학과 항일 운동에 바짝 긴장했다. 주동자를 색출했지만 한 곳을 막으면 다른 곳이 터지는 식이었다. 모두 육사, 그리고 세주와 함께 공부하던 학생들이 간부로 있던 학교였다. 육사는 청년 학생들의 의기를 떨치는 데에 자신이 조금이나마 도움이 된다는 것에 뿌듯함을 느꼈다.

　　　차디찬 아침 이슬

　　　진주인가 빛나는 못가

　　　연꽃 하나 다복이 피고

　　　소년아 네가 났다니

　　　맑은 넋에 깃들여

　　　박꽃처럼 자랐세라

　　　큰 강 목 놓아 흘러

　　　여울은 흰 돌쪽마다

　　　소리 석양을 새기고

　　　너는 준마 달리며

　　　죽도(竹刀) 저 곧은 기운을

　　　목숨같이 사랑했거늘

　　　- 〈소년에게〉 중에서, 이육사.

1931년 1월. 청년들과 은밀히 소모임을 하던 때였다. 주제는 러시아 차르 제정을 무너뜨린 민중 혁명에 관한 내용이었다. 이야기는 혁명이란 인민의 지지와 단결이 없이 불가능하다는 쪽으로 모아졌고 자연스럽게 피의 일요일 사건이 화제로 떠올랐다.

"러시아의 그 시절은 지금 우리 처지랑 다를 바가 없어요. 일본인 공장에 가 보세요. 장시간 노동, 낮은 임금, 비인간적인 대우, 거기에 민족적 차별까지. 다른 게 있다면 러시아 인민은 차르에 맞서 저항했고, 우리는 저항할 생각마저 얼어붙어 있다는 것입니다. 피의 일요일은 천여 명의 희생을 치렀지만 차르의 정통성을 무너뜨리고 혁명의 밑바탕이 되었죠."

한참 이야기를 나누던 중, 유난히 눈이 반짝이던 친구가 주위를 살피며 은밀히 말했다.

"선생님, 저희도 이번 기회에 대구 시내에 강렬한 메시지를 주고 싶습니다. 마침 혁명가 레닌의 사망일도 다가오고요. 피의 일요일이 1월 22일이라고 그러셨죠?* 저희도 이날을 기념하는 뭔가를 해 보고 싶습니다. 차르를 무너뜨린 러시아 민중처럼 우리도 일본의 천황을 무너뜨릴 준비를 해야 하지 않습니까?"

● 당시 〈동아일보〉에는 1월 21일을 레닌의 탄생일로 보도했으나 이날은 레닌의 사망일이다. 또한 1월 22일은 1905년 러시아에서 노동자들의 평화 시위를 군대가 진압하여 천여 명이 죽고 삼천여 명이 부상을 당한 '피의 일요일' 사건이 발생한 날로, 러시아 혁명의 도화선이 된 날이다.

육사는 내심 반가웠다. 하지만 학생들이 걱정이었다.

"좋아요. 대신 치밀하게 준비를 세우고 놈들이 눈치를 채지 못하게 해야 합니다. 희생은 최소화하고 효과는 극대화해야죠."

그는 속으로 생각했다. 무슨 일이라도 생긴다면 그건 내 몫이다. 어떻게든 미래를 위해 학생들은 보호해야 한다.

1931년 1월 21일. 대구 시내에 〈청년 학생들이여! 일본에 저항하라〉는 격문이 곳곳에 뿌려졌다. 1월 21일은 사회주의자 레닌이 사망한 날이자, 러시아 혁명의 도화선이 되었던 피의 일요일 사건을 하루 앞둔 날이었다. 이날 격문을 인쇄하고 배포하는 일에 육사는 기꺼이 뛰어들었다.

그날 오후, 대구 경찰서 고등계 형사와 경찰들이 남성정 〈중외일보〉 대구지국을 포위하고 신문사를 압수 수색했다. 경찰은 평소에도 사회 운동을 자극하는 글을 싣는 〈중외일보〉를 늘 의심하고 있었다. 무엇보다 그곳에서 근무하는 육사는 오래 전부터 요주의 인물로 낙인 찍혀 있었다. 결국 육사는 신문사에 머물던 동생 이원일, 이갑기, 신봉길 등과 함께 그 자리에서 붙잡혔다.

"몸은 좀 괜찮으세요?"

아내는 온갖 고문과 영양실조로 수척해진 육사를 보고 마음이 저렸다. 육사는 아내를 바라봤다. 아들 동윤이를 업고 면회를 왔는데 아이 얼굴이 창백해 보였다.

"아이를 데려오다니. 그런데 아이 얼굴이 왜 그런 거요?"

육사는 애써 무덤덤한 척 아내에게 물었다.

"며칠 전부터 잘 못 먹었어요. 언제 자식 한번 제대로 본 적이 없는 것 같아서……. 혹시 그리워할까 봐……."

아내는 육사를 제대로 쳐다보지도 않은 채 원망과 애증이 섞인 목소리로 말끝을 흐리며 답했다. 육사는 잠시 머뭇거리다가 함께 면회 온 큰 형 원기에게 나직이 말했다.

"형님! 저는 중국에 가야겠습니다."

원기는 놀란 눈으로 육사를 바라봤다.

"대구에서는 이제 더 이상 아무 일도 할 수 없어요. 늘 의심을 받고 뭔가 시도만 하면 붙들리니까요. 형기를 마치면 만주에 있는 허규 외삼촌께 가서 새로운 일을 모색해야겠어요."

"안될 말이다. 허규 외숙은 지금 경성 형무소에 계시다. 임정에 군자금을 모금하려고 국내에 오셨다가 붙들리셨어. 나도 얼마 전에 들었다. 아직 어머니께는 비밀이다."

허규 외숙은 김구, 김규식과 함께 활발하게 독립운동을 벌이던 분으로 육사 형제에게 종종 만주 이야기를 들려주었던 분이었다.

"그럼 허발 외숙이 운영하는 일창 한약방은 괜찮습니까? 그곳도 임시 정부 요인들이 자주 드나드는 곳인데요."

"아직 무사하다고 들었다."

"그럼 그곳에 다녀올게요. 앞으로 청년 학생 모임은 제가 나서기 어렵고, 형님께서 맡아 주셨으면 좋겠어요. 조심하시고요."

"알았다. 그건 염려 마라. 그런데 중국에 꼭 가야겠냐?"

원기는 동윤이를 안고 있는 육사의 처를 바라보며 안타까운 듯이 물었다. 사실 원기도 혼자서 집안 경제를 이끌다 보니 육사가 신문사에 있으면서 경제적인 도움을 줬으면 하는 바람이었다.

"지난번 장진홍 선생 사건 후로 저는 진작에 마음먹었습니다. 서릿발처럼 위태로운 곳까지 몸을 던져야 제대로 저항을 하죠."

형 원기가 말렸지만 육사는 뜻을 꺾지 않았다. 원기도 육사의 성품을 잘 알기에 더는 말릴 수가 없었다.

육사의 중국행에는 동생 원일과 후배 조재만이 동행했다. 하지만 중국행은 곧바로 난관에 부딪쳤다. 하얼빈 오산현에 있는 '일창 한약방'을 찾았으나 정작 외숙 허발을 만나지는 못했고 독립운동가들도 뿔뿔이 흩어졌는지 한약방을 찾지 않았다. 만주의 분위기는 예사롭지 않았다.

그해 일본은 만주 사변을 일으켰다. 1931년 9월. 일본은 만주를 식민지로 만들어 주요 자원과 군수 물자의 공급처로 만들고

자 무력으로 사변을 일으켰던 것이다. ** 이즈음 세계 경제는 대공황이라는 암초를 만났다. 뉴욕의 주가는 폭락했고 그 여파가 세계 경제를 위축시켰다. 공장이 멈춰 서고 실업자들이 속출했으며 생계를 이어 가지 못하는 사람들이 도처에 쏟아졌다. 육사가 청년 학생들에게 이야기했던 것처럼 자본주의 체제가 스스로 모순에 빠져들고 있었다. 일본이 택한 길은 또 다른 식민지를 확보하는 길이었다. 군사력을 강화해서 식민지를 개척하고 이를 상품 시장으로 삼고자 한 것이다.

육사 일행이 머물던 펑티엔은 날이 갈수록 사정이 악화되었다. 일본은 펑티엔 외곽에서 철도를 파괴하고 그 일대에 관동군을 투입하여 만주 지역을 빠른 속도로 점령하고 있었다. 육사는 동생 원일과 조재만을 먼저 조선으로 돌려보낸 후, 누군가와 비밀스럽게 접선을 시도했다. 바로 〈중외일보〉에서 함께 일하던 윤세주였다. ***

** 중국은 국제 연맹에 일본이 일으킨 만주 사변의 부당성을 호소했고, 국제 연맹은 일본군의 철수를 권고했다. 그러나 일본은 이를 거부하고 1933년에 국제 연맹을 탈퇴한다. 이후 일본은 파시즘 체제를 구축한 뒤, 중일 전쟁(1937), 태평양 전쟁(1941)을 차례로 일으킨다.

*** 육사가 1931년 만주에 다녀왔다는 것은 김희곤의 의견을 반영한 것이다. (김희곤, 《이육사 평전》, 푸른역사, 117쪽)

"반갑소. 놈들이 기어코 일을 벌였구려."

육사는 이미 윤세주가 단순히 신문사만 운영하는 게 아니라는 걸 잘 알고 있었다. 그가 신흥 무관 학교를 다녔고 만주를 오가며 의열단 활동에 지대한 영향력을 행사했다는 것도 어렴풋이 알고 있었다.

"나는 중국에 망명할 생각이오. 조선에서는 더 이상 투쟁하는 게 어렵소. 놈들이 만주 사변까지 일으켰으니 국내 단속을 더 심하게 하겠지. 어차피 얼마 후면 중국에 전선이 생길 테니 난 중국에서 일본군과 싸울 작정이오. 조만간 난징에 군사 간부 학교가 생길 것이오. 활 군! 함께 참여하는 건 어떻소?"

윤세주는 평소와 다르게 뭔가에 쫓기듯 말을 이었다. 그만큼 만주의 상황이 급박하게 돌아가고 있었다.

"저도 좋습니다. 군사 간부 학교라? 늘 원하던 바입니다."

"좋아요. 그럼 일단 조선으로 돌아가서 함께할 동지들을 더 찾아보시오. 우리는 지금 한 사람이라도 더 필요한 때요. 군사 간부가 더 많을수록 저항에 힘이 더 실리겠지요."

두 사람은 술잔을 기울이며 앞으로 일본이 무력으로 중국 본토마저 침탈하지 않겠느냐, 세계의 평화를 어지럽힐 게 분명하다, 그래서 그들과 맞서려면 중국이나 러시아와도 불가피하게 손을 잡아야 한다, 노동자, 농민들의 지지를 얻으려면 러시아에서 일어난 혁명에 관심을 기울여야 한다는 등등의 이야기를 주고받았다.

육사는 그 누구보다도 해박하게 국제 정세를 꿰뚫고 있는 세주의 식견에 자못 놀랐다. 그는 우리 민족이 제국주의에 맞서려면 지금처럼 저항 세력이 분열되어서는 안 되고 민족을 중심으로 혁명당을 조직해야 한다고 힘주어 말했다. ●●●●

육사가 중국에 다시 갔을 때, 만주에는 일본이 만들어 낸 괴뢰 국가가 세워져 있었다. 만주국이었다. 펑티엔은 이미 일본의 수중에 떨어졌고, 북만주 일대에서는 지청천 장군이 이끄는 한국 독립군과 양세봉 장군이 이끄는 조선 혁명군이 중국군과 연합하여 곳곳에서 일본에 저항하고 있었지만 수적으로 역부족이었다. 결국 독립운동의 거점을 상실한 저항군은 서서히 중국 본토로 이동하고 있었다.

육사는 처남 안병철을 데리고 갔다. 어릴 때부터 육사를 몹시 따랐던 만큼 처남에게도 새로운 세계를 경험하게 해 주고 싶었다. 처음에는 동생 원조와 원일 그리고 조재만도 동행하려 했지

●●●● 윤세주는 이후에 한국 민족 혁명당(1935)이라고 불리는 민족주의 정당의 성립에 크게 관여했다. 이 단체는 한국 독립당, 조선 의열단, 미주 대한 독립당, 신한 독립당, 조선 혁명당 등 다섯 개 단체가 통합하여 결성된 정당으로서 중일 전쟁 이후에는 조선 의용대 결성을 주도했다.

만 여의치가 않았다. 육사는 처남만을 데리고서 펑티엔에 도착했다. 예상했던 대로 곳곳에서 검문이 있었고 육사 일행은 검문에 걸리면 가짜 신분증을 들이밀며 신생 국가인 만주국에 새로운 일자리를 알아보러 왔다고 둘러댔다. 육사는 펑티엔에서 세주와 만나 다시 톈진으로 향했다.

"세주! 만주가 이렇게 삼엄할지 몰랐습니다. 곳곳에 일본군이 깔려 있더군요."

"정말 조심해야 하오. 지금 일본 놈들은 눈이 뒤집혀 있소. 얼마 전 상하이 홍커우 공원에서 폭탄이 터진 뒤로 곳곳에서 조선인들을 색출하려고 난리가 아니오."

육사와 세주가 톈진을 향해 떠나기 전, 상하이에서는 일본의 간담을 서늘하게 만든 사건이 있었다. 1932년 4월 29일 상하이 홍커우 공원. 이날은 일본 주둔군이 상하이 인근에서 중국군에 승리한 일을 기념하고 일왕의 생일을 축하하기 위해 성대한 행사가 예정되어 있었다. ***** 수많은 일본인 인파가 모여들었고 단상에는 시라카와 일본군 대장과 해군 총사령관인 노무라 중장

***** 당시 상하이는 조계지여서 일본군도 주둔하고 있었다. 만주 사변 이후에 중국에서 항일 정서가 강해지고 있던 와중에 중국군과 일본군 사이에 전투가 일어났고, 1932년 3월 일본군의 공격을 이겨 내지 못한 중국군이 상하이를 떠나게 되었다.

등 거물급 침략자들이 앉아 있었다. 오전 열한 시 사십 분. 축하식 중 일본 국가 연주가 끝날 즈음 한 청년이 사람들을 헤치고 나아가 단상 위로 무언가를 힘차게 던졌다. 그것은 시라카와의 바로 앞에 떨어져 천지를 진동하는 굉음을 내며 폭발했다. 시라카와 대장과 카와바다 거류민 단장은 그 자리에서 즉사했고 나머지 거물급 참석자들도 다리를 절단하는 등 중상을 입었다. 바로 윤봉길 의사가 조선인의 기개를 드높여 침략자 일본을 응징하던 순간이었다.

이 사건 이후 중국의 장제스는 '중국의 백만 대군도 못 한 일을 한 사람의 조선 청년이 해냈다'며, 대한민국 임시 정부에 전폭적인 지원을 약속했다. 이 일로 일제의 만주 침략으로 항일 거점을 잃었던 독립운동은 다시 일어설 계기를 마련할 수 있었다.

"윤 의사의 일은 참으로 대단했습니다. 저는 언제쯤 그런 일을 할 수 있을지……."

"육사! 뭘 그리 조급하게 생각하시오. 앞으로 그대가 할 일이 얼마나 많은데."

윤세주는 지금껏 불러왔던 이활 대신 육사라는 이름을 부르기 시작했다. ●●●●●●

●●●●●● '이활'이라는 이름은 주로 시 이외의 평문에서 자주 보였고, '육사'라는 이름은 문학 작품에서 주로 사용된 것으로 보인다.

"인사드리게. 제 처남입니다."

"안병철입니다. 형님을 따라 여기까지 왔는데, 저는 아직도 어리둥절합니다."

"반갑습니다. 나, 밀양 사람 윤세주요."

처남 안병철은 윤세주에게 깍듯하게 인사했다. 안병철은 얼마 전까지 삼림 조합에서 일하다 발목을 다쳐 집에서 쉬고 있었는데 육사의 부름을 받고 함께 만주에 왔다. 친형처럼 육사를 따랐기에 안병철은 육사가 옥에 갇힐 때마다 뭔가 도움이 될 일이 없을까 고민하다 이번 만주행에 동행한 것이었다.

"육사! 그럼 처남 분도 우리랑 합류하는 겁니까? 난징의 군사 학교에 말입니다. 조만간 개교할 텐데 함께하는 게 맞지요?"

"네. 심지가 곧은 친굽니다. 저희랑 함께할 겁니다."

육사는 처남을 바라봤다. 안병철의 얼굴에 잠시 당황한 빛이 스쳤다. 그도 그럴 것이 육사가 군사 학교 이야기는 꺼내지 않았기 때문이었다. 하지만 그 역시 이내 군사 학교에 동행하겠다는 뜻을 굳혔다. 자신도 마침내 의미 있는 일을 찾았다는 얼굴이었다. 육사도 늘 어리게만 봤던 처남이 어엿하게 할 일을 찾고 처가 식구까지 항일 운동에 뛰어든 게 마음이 뿌듯했다.

난징으로 향하는 길은 멀었다. 먼저 일행은 기차를 타고 푸커우 역까지 이동했고, 그 후로 다시 배를 타고 난징까지 이동했다. 일행 중에는 의열단원 김시현••••••도 함께했다. 육사가 대구 형무소에 있을 때 안면이 텄던 그는 과거에 국내로 폭탄을 밀반입하려다 구속된 열혈 독립운동가였다. 일행은 서로 이야기를 하지 않았다.

그즈음 일본은 윤봉길 의사의 일로 무척 예민해 있었고, 곳곳에 눈과 귀를 깔아 두고 있었다. 심지어 임시 정부의 행방을 찾는 대로 그곳을 전함으로 포격하겠다고 으름장까지 놓고 있었다. 이런 상황이다 보니 일행은 사소한 이야기조차 우리말 대신 중국어를 썼다.

난징에 도착하자 중국 헌병 한 사람이 다가왔다. 일행은 긴장했지만 자기를 이춘암이라고 소개한 그는 중국군으로 활동하는 의열단원이었다. 그는 일행이 머물 여관을 안내해 주었다. 그러더니 세주와 김시현, 이춘암이 갑자기 어디론가 사라졌다.

"형님, 가슴이 두근두근합니다. 이제야 저도 뭔가 하는 것 같습니다. 그런데 다른 분들은 어딜 가신 겁니까?"

•••••• 김시현은 경북 안동 출신으로 조선 총독부에 투척하려고 국내에 폭탄을 반입하려다 검거된 인물로, 해방 후에는 이승만의 독재에 반발하여 그에 대한 암살을 기도하기도 했다.

"기다려 보자. 워낙에 조심스러운 분들이니 따로 나눌 이야기가 있겠지."

그때였다. 여관 복도에 낯선 발소리가 들렸다. 아무래도 김시현과 세주는 아니었다. 문을 두드리는 소리가 났다. 낯선 여관에서 누구일까. 육사와 병철은 긴장했다. 설마 이곳도 일본의 첩자들이 들끓고 있는 건가?

육사는 문을 열었다. 하지만 문 앞에는 아무도 없었다. 문 뒤를 살펴봤지만 아무도 없었다. 육사의 심장은 두근거렸다. 한동안 우두커니 서서 복도를 살폈지만 인기척이 없었다. 육사는 문을 닫으려 했다. 그때 반대편 복도 끝에서 검은 실루엣이 보였다. 그리고 그 실루엣이 점점 육사를 향해 다가왔다. 그러더니 육사의 코앞까지 와서 멈춰 섰다.

다부진 체격에 짙은 진녹색 군모를 눌러 쓰고 검은 뿔테 안경 너머로 눈빛이 환한 남자. 그는 의열단장 김원봉이었다.

"나, 밀양 사람 약산 김원봉이오."

2부 내 여기 가난한 노래의 씨를 뿌려라

폭력에 맞서는 양심의 노래(1932~1944)

한 개의 별을 노래하자, 꼭 한 개의 별을!

내 꿈은 서해를 밀항하는 정크와 같아

어느 때나 외로운 넋이었거니

내 골방의 커튼을 걷고, 정성된 마음으로

내가 부른 노래는 그 밤에 강 건너갔소

거울은 강철로 된 무지개

항상 앓는 나의 숨결이 오늘은

백마 타고 오는 초인이 있어

한 개의 별을 노래하자, 꼭 한 개의 별을!

난징성의 북동쪽 우저우 공원. 가을날 쉬엔우 호의 물결은 잔잔하고 햇빛은 고즈넉했다. 한 폭의 수묵화처럼 펼쳐진 자연의 풍광을 배경으로 고요한 호수 위에 작은 배 여러 척이 한가롭게 떠 있었다. 누군들 저 배 안에 혁명을 꿈꾸는 젊은이들이 타고 있는 걸 짐작할 수 있을까. 겉으로 보기에 여행객들의 한가로운 한때라고 여기기 딱 좋겠지만 배 안에는 혈기로 가득 찬 젊은이들이 서로서로 매서운 눈빛을 주고받고 있었다.

"안동 출신이라고 들었소. 대구에서 신문 기자 활동을 했다고요?"

"네. 그렇습니다."

"여기까지 오느라 수고가 많았소. 긴장 푸시오. 표정을 숨기지 못하면 우리가 하는 일에도 어려움이 있소. 안 그렇소?"

"네? 네."

"이곳까지 오느라 다들 심신이 지쳤을 것이오. 곧 빡빡한 교육 일정을 소화해야 하는데 서로 얼굴도 익힐 겸, 호수에서 뱃놀이라도 하는 게 좋겠다고 생각했소. 줄이 지나치게 팽팽하면 툭 끊어지는 법이니까요. 놈들의 눈과 귀를 속이기에도 안성맞춤이고."

육사는 믿기지가 않았다. 의열단장 김원봉과 독대를 하고 있다니. 김원봉이라면 항간에 임시 정부 김구보다 현상금이 더 높다고 소문이 날 만큼 위협적인 인물이 아니던가. 일본 황궁에 폭탄을 던졌던 김지섭, 동양 척식 주식회사를 공격한 나석주, 종로 경찰서에 폭탄을 던지고 일경과 시가전을 벌였던 김상옥. 이들을 대표하는 의열단 단장과 단둘이 배를 타고 있다는 게 육사는 실감 나지 않았다.

"요즘 조선의 사정은 어떻소?"

"어떤 사정을 말씀하시는 건지. 제가 활동했던 대구는 형편이 좋지 않습니다. 일본인 거주자가 다른 도시보다 많다 보니 경찰 감시가 몹시 까다롭습니다."

"조선에 어렵지 않은 데가 어디 있겠소. 우리가 이역만리에서 아무리 고생한들, 일본의 총칼에 묶여 있는 조선의 동지들만 못할 테지요. 참, 자주 옥에 갇혔다면서요? 고생했겠소."

"조선에서 제 정신으로 살려면 그만한 일은 각오해야지요."

육사는 김원봉의 기세에 눌리지 않으려고 일부러 힘주어 말했다. 김원봉은 잔뜩 긴장한 육사를 보며 씽긋 웃더니 다시 진지한 표정으로 묻기 시작했다.

"조선의 노동자와 농민의 생활은 어떻소? 조선이 독립을 하려면 무엇보다도 그들의 힘이 필요한데 말이오. 이곳에 있다 보니 조선에서 노동 조합은 잘되고 있는지 궁금하더이다."

"조선의 노동 조합 운동은 이제 막 시작 단계인 것 같습니다. 워낙에 일본의 감시와 탄압이 심하다 보니 번듯한 노동 조합 하나 만들기 어려운 실정이지요."

"그래도 원산 총파업으로 노동자들의 의식이 많이 높아지지 않았습니까?"

"원산 총파업 때도 노동자들이 단결해서 일어나긴 했지만 지속적인 투쟁을 이끌 조직력이 부족해서 아쉬움이 남았습니다. 여기저기 파업은 계속되고 있지만 단발적으로 끝나서 안타깝죠. 그래도 잠재적인 힘은 충분하니 조직과 체계를 갖추면 해 볼 만합니다."

"조선은 어떤 게 가장 문제라고 생각하오?"

"사람들 뜻 모으는 게 가장 어렵지요. 언론들은 조선의 독립보다는 자치에 만족하는 눈치고, 민족주의자들과 사회주의자들도 뜻이 맞지 않아서 서로를 불신하고 있습니다. 그보다 요즘은 친일

지주나 자본가들이 같은 조선 사람들을 심하게 착취하고 있지요."

"일본이 조선의 분열을 조장하는 겁니다. 지주와 자본가의 세금은 낮춰 주고 소작인과 노동자가 부담하는 비용은 더 높여 놓았죠. 민족끼리 분열하게 만드는 게 일본의 술책 아닙니까? 서로 증오하도록 만들어서 정작 자기들 잘못은 못 찾게 만들죠. 악랄한 놈들!"

약산은 일순간 분노의 눈빛을 보였다가 이내 냉정을 되찾았다.

"그래서 앞으로 조선은 어찌 될 것 같소? 조선에 가장 필요한 게 뭐요?"

"무엇보다 이론과 실천이 조화를 이뤄야죠. 지금 조선에서는 사회주의자들이나 민족주의자들이 서로들 자신의 주의나 주장이 더 뛰어나다고 경쟁하면서 이론만 앞세울 뿐, 분열을 조장하고 있습니다. 저는 이론과 실천이 하나 되는 길을 찾아야 한다고 봅니다. 혁명가들이 노동자나 농민 속으로 직접 들어가야지요."

"좋은 이야기요. 하지만 방법이 중요하오. 혁명가들이 노동자나 농민을 그저 가르칠 대상으로만 보면 안 되오. 노동 조합을 조직할 때에는 혁명가들이 스스로 노동자가 되어 그들의 동료로서 친근해져야 하고 신임을 받아야 하며, 그런 뒤에 서서히 사회적인 사상을 불어넣고 그 안에 작은 조직들을 만들어서 그것을 기초로 운동을 일으켜야 하오. 그냥 무턱대고 날 것의 사상을 주입하려고 들어 보오? 이해도 못할 뿐더러 거부감만 가질 것이오."

가을날 호수의 물결은 잔잔하고 평화로웠지만 배 안에는 팽팽한 긴장감이 흘렀다. 뱃놀이로 긴장을 풀자고 했지만 사실은 의열단장 김원봉이 육사의 됨됨이를 점검하는 자리나 다름없었다.

"가족은 어떻게 되오?

"부모님께서 살아 계시고, 누이 없이 저까지 육 형제죠."

"장가는 들었소?"

"네. 함께 온 안병철이 제 처남입니다. 말이 처남이지 형제나 다름이 없지요. 제가 참 아끼고 믿는 동생입니다. 나중에 긴요한 일을 맡기셔도 될 겁니다."

"자식은?"

"자식은……."

육사는 말끝을 흐렸다. 중국으로 오기 전 육사는 아들 동윤을 잃었다. 그로 인해 아내의 원망이 쌓였고 처남까지 중국에 데리고 가는 걸 두고도 못마땅한 눈치였다. 자식을 챙기지도 않고 처가 식구마저 사지로 몰아넣는 육사가 아내 입장에서 반가울 리 없었다. 약산은 육사가 흔들리는 눈빛으로 먼 산을 바라보는 것을 한동안 지켜보더니 다시 단호하게 말했다.

"옛일은 잊으시오. 이제 곧 학교가 개교할 것이오. 혁명 전사로 거듭나길 바라오. 앞으로 조선어나 일본어는 절대 금물이오.

오로지 중국어만 쓰시오. 일본 첩자가 널리 퍼져 있소."

"한 가지 궁금한 것이 있습니다. 학교 이름이 '중국 국민 정부 군사 위원회 간부 훈련반 6대'인데 왜 이렇게 지은 건가요?"

육사는 아무래도 학교의 이름이 마음에 걸렸다. 조선이 아니라 중국 국민 정부 소속이라는 게 내키지 않았다. 육사는 군사 학교가 아나키스트들처럼 어느 국가에도 기대지 않고 부당한 권력에 맞서길 고대하고 있었던 것이다.

"그건 중국군처럼 위장하기 위해서요. 일본 첩자들이 우리를 못 알아보게 말이오."

"단지 그뿐입니까?"

"사실은 중국의 국민당 정부가 학교를 후원하고 있소. 그대들이 학교를 졸업하면 중국군으로 편입될 수도 있소. 하지만 어디까지나 학교 운영은 우리가 주도할 것이오. 조선 혁명 군사 정치 간부 학교, 이게 본래 이름이지."

"그렇군요. 그런데 제가 듣기로 국민당 정부는 중국의 부패한 청방*과도 관련이 있다고 들었는데. 남의사**라는 비밀 조직도

---

* 청방은 상하이를 중심으로 한 비밀 조직으로 본래는 운수 노동자들의 조직이었으나 상인과 기업가들이 참여하면서 아편, 도박, 매춘 등 불법적 사업에 깊이 개입하고 있었다.
** 남의사는 중국 국민당 산하 비밀 정보 기관으로 반체제 인사에 대한 공격, 파괴, 암살을 자행하는 백색 테러를 일삼았다.

있고요. 그게 마음에 걸립니다."

약산은 당황했다. 생각했던 것보다 육사가 중국의 정치 상황에 대해서도 잘 알고 있는 듯했다. 약산은 학교를 세우며 여러 가지 고민이 있었다. 민족 자본은 끊긴 지 오래고, 그렇다고 다른 곳에서 독립 자금을 구하기도 어려웠다. 때마침 중국의 국민당 장제스가 이봉창, 윤봉길 의사의 거사를 보고 조선 독립운동에 관심을 기울이고 있었고, 약산이 중국의 황푸 군관 학교●●● 출신이어서 중국군 장교들, 무엇보다 장제스와 인연을 맺었기에 국민당 정부로부터 자금을 융통할 수 있었다. 난징에 학교를 여는 것도 이곳에 국민당 정부가 있었기 때문이었다.

약산도 국민당이 청방과 손잡고 남의사를 통해 아무 죄 없는 사회주의자들이나 반정부 인사에게 백색 테러를 가한다는 사실을 알고는 있었다. 하지만 약산의 입장에서는 찬밥 더운밥을 가릴 때가 아니었다. 현실적으로 국민당 정부의 도움 없이 학교를 세우는 것은 어려웠다. 그런데 육사가 그 부분을 정확히 지적하니 일순간 당황스러웠다.

"이거 중국 정치에도 남다른 식견이 있으셨군. 그렇소. 하지만

●●● 황푸 군관 학교는 중국 최초의 근대식 군사 학교로 쑨원의 지시에 의해 1924년 개교되었고 장제스가 교장을 맡아 운영되었다. 김원봉을 비롯한 이백여 명의 한인도 이 학교를 졸업하여 한국 독립운동에 적잖은 영향을 주었다.

지금 당장 우리의 자금으로 학교를 운영할 수는 없소. 권총이나 폭탄 같은 장비가 한두 푼도 아니고 생활비도 만만치 않게 든다오."

육사는 혼란스러웠다. 육사가 판단하기에 중국의 국민당 정부는 절대로 믿을 만한 정부가 아니었다. 그들은 자신들과 조금만 뜻이 달라도 상대를 억압하고 숙청하는 등 무자비한 독재를 저지르고 있었다. 평소 육사가 존경하는, 중국을 대표하는 작가 루쉰도 정부에 비판적인 성향을 지녔다는 이유만으로 반정부 지식인으로 낙인 찍혀 오랜 도피 생활을 할 정도였다. 게다가 국민당 정부는 정권 유지를 위해서라면 청방처럼 부패한 세력과도 쉽게 손을 잡았다.

청방은 상하이 암흑가의 비밀 조직으로 지방 군벌들에게 아편을 공급받아 상하이 시내에서 아편굴, 매춘굴, 도박장을 경영하면서 불법적인 자금을 모으고 있었다. 그뿐만 아니라 때때로 기업가에게 돈을 받고 노동 운동을 탄압했으며, 몇 해 전 4·12 사건에도 깊이 개입하여 사회주의자와 노동자를 숙청하고 학살하는 데 적극 협력한 것으로 알려져 있었다. ••••

•••• 4·12 사건은 1927년 상하이에서 일어난 사건으로 장제스가 이끄는 국민당 정부가 사회주의자들을 축출한 사건으로 공식적으로 사백여 명이 사망하고 오천여 명이 실종된 사건이다. 이 사건을 계기로 중국은 국민당과 공산당의 합작이 분열되었고, 일제는 이를 틈타 중국 침략의 기회를 얻게 되었다.

남의사는 청방보다 심했다. 이들은 국민당 독재 체제를 유지하기 위해 만들어진 비밀 조직으로 처음부터 백색 테러, 숙청 등을 일삼았다. 장제스는 남의사를 통해 반대파를 체포하고 고문하며 처형했는데 심지어 민간인에 대한 테러도 서슴지 않았다.

혁명을 하겠다는 사람들이 뒷거래로 만들어진 자금을 이용하는 게 옳은 것인가? 육사는 혼란스러웠다. 이의를 제기하고 싶었지만 처음부터 약산과 맞설 수는 없었다.

'일제에 맞선다는 목적은 같으니 딱 그만큼만 국민당의 도움을 인정하기로 하자. 다만 국민당을 위해 백색 테러 같은 일을 강요받는다면 그때는 결단코 결별하자.'

둘은 시선을 외면하며 어색한 침묵을 호수 위로 흘려 보냈다. 약산이 입을 열었다.

"세주가 그대를 어째서 정치 교관으로 추천했는지 알 것 같소. 식견이 참으로 남다르오."

"아닙니다. 예전에 중국에서 학교를 다닌 경험이 있어서……."

"육사 동지! 세주는 참으로 동지를 아끼오. 좋은 벗을 두어 좋겠소. 내가 세주에게 교관을 맡기려 했더니 극구 사양하더군. 아마도 육사 동지가 정치 교관을 사양해서 자기도 생도 신분으로 학교에 입교할 모양이오."

육사는 고개를 돌려 세주가 타고 있는 배를 찾았다. 조금 떨어진 곳에 처남 안병철과 같은 배를 타고 있는 세주가 보였다. 두 사람도 뜨거운 대화를 이어 가는지 세주의 얼굴이 상기된 듯 보였다. 아마도 세주가 처남에게 혁명의 의미와 자세를 이야기하고 있는 터였다.

세주가 없었더라면 혁명군이 되는 것은 꿈도 못 꿨을 것이다. 그런데 경험 많은 그가 자기 때문에 아무것도 모르는 신출내기처럼 생도로서 입교하다니. 육사는 세주에게 고맙고 미안한 마음이 들었다.

1932년 10월 20일 난징 교외의 탕산 선사묘. 육사 일행이 난징에 온 지 벌써 한 달 가까이 지나가고 있었다. 군복을 입은 제1기 생도 스무 명과 십여 명의 교관들 그리고 약산 김원봉 교장까지. 조선 혁명 군사 정치 간부 학교가 드디어 역사적인 입교식을 가졌다. ***** 이 자리에는 난징의 〈중국일보〉사 사장과 황포 군관 학교 동창회장, 중국군 장교 등 중국 쪽 축하객들이 참석했다. 교장 김원봉은 개교사를 통해서 군사 간부 학교의 설립이 지금껏 의열단이 지켜 왔던 항일 투쟁 정신을 계승하고 있다는 점

***** 조선 혁명 군사 간부 학교의 입교생들은 실제로는 생도 대신 학원이라는 말을 사용했다. 입교식 때는 스무 명이었으나 후에 여섯 명이 합류하여 조선 혁명 군사 간부 학교 1기생은 총 스물여섯 명이었고 교관은 교장 김원봉을 포함하여 열두 명이었다.

을 분명히 밝혔다. 또한 생도들에게 군사학과 무기 사용법 등 군사 지식을 익혀 명실상부한 군사 간부가 되어 항일 무장 투쟁을 꾸준히 이어 나갈 것을 역설했다.

입교식이 끝나자 곧바로 교육이 실시되었다. 교육 과정은 6개월 코스로 하루도 빠짐없이 매시간 꽉 짜여 있었다. 오전 여섯 시에 기상하여 오전에는 정치학, 경제학, 사회학 등 각 개인이 선택한 과목을 학습하고, 오후에는 야외 군사 훈련을 받았으며 저녁에는 중국어를 익혔다. 정해진 일과가 끝나면 생도들은 다시 모여서 혁명 의식을 강화하고 혁명 이론을 탐구하는 토론을 벌였다. 육사는 정치 과목을 선택하여 세계 정세와 혁명 이론에 초점을 맞춰 학습하면서 특히 레닌주의 혁명 이론을 자세히 공부했다.

육사는 모든 교육 과정에 열심이었다. 국민당의 도움을 받는다는 게 여전히 불편했지만 이왕에 훈련을 받는 것이라면 최선을 다해서 제대로 된 혁명 전사로 거듭나고 싶었다. 육사는 무엇보다도 항일 투쟁을 위한 특무 공작 훈련에 집중했다. 이 과정에는 첩보, 파괴, 선동 등 특수 공작을 수행하는 요령과 사격술, 폭탄 제조와 활용법, 기관총 사격, 독도법 등 군사 훈련이 포함되어 있었다. 사격 연습은 매일같이 정기적으로 이루어졌다.

하루 일과가 지나면 고단하기가 이루 말할 수 없었다. 난생 처음 육체 훈련을 하는 일이었고 온 신경을 집중해서 특무 공작 훈련을 하다 보니 일과가 끝나면 녹초가 되어 곯아떨어지고는 했다. 물론 이역만리에서 고향 생각이 나지 않는 것은 아니었고 그런 날이면 밤새 뒤척이고는 했다.

오늘은 오후에 작은 부상까지 입어 훈련에서 열외가 되었고 그 까닭에 쉽게 잠이 오지 않았다. 육사는 초소 밖으로 나왔다. 12월의 밤바람은 차갑고, 며칠 전 내린 눈이 초소 주위를 뒤덮고 있었다. 별빛 하나 없는 어둔 밤하늘.

육사는 생각했다. 어째서 자기 생애를 비춰 주는 별 하나가 없는가를. 고향도, 아버지와 어머니도, 함께 고생하는 동지도 그리고 죽은 동윤이와 원망 가득한 아내의 별도 보이지 않는 것 같았다. 그러나 육사는 그 별들이 아직 보이지 않을 뿐, 없는 건 아니라고 돌려 생각했다. 그러면서 아직 보이지 않는 숨은 별들을 보이게 하는 것, 그것이 곧 자신이 이곳 난징의 군사 학교에 온 이유일 거라고 생각했다. 육사는 초소의 기둥에 걸린 엷은 전등불 밑에 쪼그려 앉아 펜과 수첩을 꺼내 들고 자기 감정을 적어 내려가기 시작했다.

"손은 괜찮소?"

"이만한 것 가지고⋯⋯. 괜찮습니다."

"하기는 고문에 익숙해진 몸이니 아무것도 아니겠지요."

162

세주였다. 육사는 오후에 새로 받은 권총으로 격발 연습을 하다 화약이 잘못됐는지 손등에 가벼운 화상을 입었었다.

"늦었는데 잠은 안 자고 뭘 쓰는 거요? 손등도 아플 텐데."

"괜찮습니다. 손가락은 멀쩡한데요 뭘."

"그나저나 육사는 글만 잘 쓰는 줄 알았더니 사격 솜씨도 일품이오."

"이렇게 실수투성인데요."

"아깐 사고였던 거고. 우리 1기생 중에 육사가 가장 사격을 잘한다고 다들 시샘이 많아요. 그런데 그건 뭐요? 아직도 신문 기사를 쓰는 것은 아닐 테고. 어디 좀 봅시다."

"아무것도 아닙니다."

육사는 머쓱해 하며 가지고 있던 수첩을 뒤로 숨겼다.

"그러지 말고 봅시다. 우리끼리 이러기요? 생사를 같이할 사람이?"

세주는 육사의 뒤로 돌아서며 팔을 잡아 당겨 종이를 가로챘다.

"이게 뭐요. 시가 아니오? 혁명을 준비한다는 사람이 너무 한가로운 거 아닌가?"

"이리 주세요. 제가 잠시 딴 생각을……."

"하하, 웃자고 한 소리요. 한번 읽어 봅시다. 우리끼린데."

한 개의 별을 노래하자 꼭 한 개의 별을

십이성좌 그 숱한 별을 어찌나 노래하겠니

꼭 한 개의 별! 아침 날 때 보고 저녁 들 때도 보는 별

우리들과 아-주 친하고 그중 빛나는 별을 노래하자

아름다운 미래를 꿈며 볼 동방의 큰 별을 가지자

한 개의 별을 가지는 건 한 개의 지구를 갖는 것

아롱진 설움밖에 잃을 것도 없는 낡은 이 땅에서

한 개의 새로운 지구를 차지할 오는 날의 기쁜 노래를

목 안에 핏대를 올려 가며 마음껏 불러 보자

처녀의 눈동자를 느끼며 돌아가는 군수야업(軍需夜業)의 젊은 동무들

푸른 샘을 그리는 고달픈 사막(沙漠)의 행상대도 마음을 축여라

화전(火田)에 돌을 줍는 백성들도 옥야천리(沃野千里)를 차지하자

다 같이 제멋에 알맞는 풍양(豊穰)한 지구의 주재자로

임자 없는 한 개의 별을 가질 노래를 부르자

- 〈한 개의 별을 노래하자〉, 이육사.

"한 개의 별이라. 역시 육사 동지는 총탄이 오가는 중에도 낭만을 즐길 줄 아는군요. 사실 낭만이 없으면 혁명도 없죠. 현실주의자들은 현실에 적응하느라 결국 친일로 돌아서지만 육사처럼 낭만주의자는 마지막까지 혁명을 꿈꿀 수 있을 겁니다. 난 육사가 낭만적이라 좋소."

"그저 느낌을 적은 것뿐인데요. 아직 다 쓰지도 않았고."

육사는 수줍은 듯, 머쓱한 듯 말끝을 흐렸다.

"훌륭한 기자인 줄만 알았는데 시인으로 데뷔해도 손색없겠어요. 여하튼 좋은 글이 수백 발의 탄환보다 더 나을 수 있지요. 좋은 시에요."

"자꾸 민망한 소리만 하십니다."

"난 못하는 일인데, 좋은 재주를 가졌소. 육사! 누군가를 붙잡고, 누군가에게 총질하고, 기물을 부수고, 건물을 폭파하는 것보다 상대의 마음을 움직이는 게 훨씬 훌륭하지요. 육사는 그런 글재주를 가졌으니 난 부럽기만 합니다."

육사는 세주가 한껏 자기를 띄워 주는 것에 멋쩍게 웃었다.

"우리, 앞산에 눈 쌓인 대숲 한번 걸어 볼까요? 아무도 밟지 않은 눈 위를 걸으면 어쩐지 새로운 길을 만드는 사람 같단 말이죠. 내가 걸었던 발자국이 역사가 되는 느낌이랄까."

"좋습니다. 세주!"

달빛이 쏟아지는 눈 쌓인 대숲. 두 사람은 고요히 걸었다. 깊이 쌓인 눈은 아니었지만 두 사람이 걷는 대로 싸르륵싸르륵 소리를 내며 발자국이 선명하게 남았다. 세상이 처음 열리던 날 생명이 꿈틀거리는 소리가 이러했을까. 육사는 생각했다. 아무것도 없는 광야에 다만 어디선가 잉태되는 소리가 있어, 그 후로 조금씩 산맥이 열리고, 강물이 흐르고 역사가 시작되었을 것이라고.

"세주! 세주가 꿈꾸는 세상은 어떤 세상인가요?"

육사는 달빛에 얼굴이 하얗게 빛나는 세주를 바라보며 말을 꺼냈다.

"저요? 글쎄요. 자기 삶을 자기가 결정할 수 있는 세상이죠. 지금 조선이나 중국은 자기 삶을 자기가 결정하지 못하고 있으니까요. 육사의 시처럼 누군가에게 시달리지 않고, 지배받지 않고 자유롭게 빛나는 별들로 가득 찬 세상이랄까요."

"시는 세주가 써야 할 것 같습니다."

"하하. 무슨 그런 말을. 그럼 육사는 어떤 세상을 꿈꾸는지?"

"저도 마찬가지예요. 하지만 약간 혼란스러워요. 조선이 스스로 자기 삶을 결정하려면 반드시 투쟁을 해야 하고, 그러려면 현실에서 국민당 정부나 공산당으로부터 도움을 받아야 하는데 언젠가 일본이 소멸하면 그것들이 또다시 사람을 억압하지 않을까 걱정입니다. 일본과 맞서려고 부패한 이들에게 도움받는 것도 불편하고요. 그렇게 별을 찾은들 어쩐지 빛이 바래 있을 것 같습니다."

세주는 아무 말이 없었다. 육사의 말을 곱씹으며 깊은 생각에 잠긴 듯했다. 육사의 말 속에 번민과 갈등의 씨앗이 놓여 있었기 때문이었다. 한참 후 세주가 말했다.

"부탁이 하나 있어요."

"뭔가요?"

"약산과 너무 맞서지 말아요."

"네?"

"약산은 혁명에 큰 열정을 가진 사람이에요. 다만 자금을 구하는 게 힘들어서 때때로 현실주의자가 되는 겁니다."

"알고 있어요. 조심할게요. 하지만 회의가 조금씩 들기는 해요."

"학교를 졸업하면 어쩔 생각인가요? 약산은 육사 동지가 사격도 뛰어나고 특무 공작을 수행하기 적당해서 러허(熱河) 방면에 가거나 펑궈장(馮國章) 군대에 입대할 것을 고려하던데."

"글쎄요. 저는 도회지 생활에 익숙해서 거기는 적당하지 않고 차라리 조선으로 돌아갈까 합니다. 그곳에서 도회지의 노동자들에게 혁명 이념을 전파하고 싶어요. 예전에 강의를 한 경험도 살려서 동지들을 더 늘려야죠. 신문사에 위장 취업을 할 생각도 있습니다."

육사는 혁명 투사가 되고 싶은 마음이 간절했다. 젊은 혈기에 적들과 직접 맞서서 전투를 치르고 싶었다. 하지만 어쩐지 약산을 따른다면 또다시 마음속에 불편함이 일어날 테고, 그것이 점점 확장되어 괜한 분란을 일으킬 것 같았다. 게다가 중국에 남는다면 중국 국민당의 말단 장교가 되거나 아니면 김원봉이 꾸릴 부대원이 되는 것인데, 그건 아무래도 내키지 않았다. 차라리 그럴 바에 조선으로 돌아가서 은밀한 공작을 시도하는 게 자신에게도, 약산에게도 좋은 방책이 될 거라 생각했다.

"육사 생각이 그렇다면 그대로 해요. 다만 다시 부탁하건대 약산과……."

"너무 걱정하지 마세요. 저도 중요한 분이라는 거 잘 압니다."

달빛은 천천히 서쪽으로 기울고 있었다. 그리고 동쪽 하늘에 은은한 서광이 일어나기 시작했다. 마치 세상이 처음 열릴 때의 순간이라도 되는 것처럼.

내 꿈은 서해를 밀항하는 정크와 같아

난징의 봄날은 유난히 변덕스러웠다. 아직 미련이 남았는지 뒤늦은 추위가 봄꽃을 위협하는가 하면, 하루 사이에 날씨가 변해서 몇 걸음만 서둘러도 겨드랑이에 땀이 맺힐 만큼 기온이 오르기도 했다. 봄꽃 향이 미풍에 은은히 퍼지다가도 갑자기 부는 돌개바람에 꽃잎들이 사정없이 흩날렸고 예고 없이 빗방울이 후두둑 떨어지는 게 마치 한 치 앞을 내다보기 어려운 중국의 정치 현실 같았다.

봄비가 추적추적 내리던 날, 육사는 난징 교외의 어느 여관에 투숙하고 있었다. 며칠 전까지 군장을 짊어지고 산길을 오르내리고, 사격 연습과 폭탄을 제조하고 선전 활동 및 비밀 공작을 익히던 일들이 아득한 꿈처럼 느껴졌다. 그때는 곧바로 작전에 투입될 줄 알았건만 자금이 모자라서 기다려야 한다는 소식에 육사는 그만 맥이 풀렸다.

육사는 무료함을 달래려고 도서관에 들러 러시아 혁명이나 레닌주의를 다룬 책, 그도 아니면 평소 존경하던 루쉰의 작품을 찾아 읽었다. 그래도 여유가 남을 때는 난징 교외에서 고서적을 취급하는 책방을 둘러보는 것으로 일을 삼았다.

봄의 빗방울은 여전히 여관의 창문을 두드리고 있었다. 날씨 탓인지 오늘은 도서관이나 책방에 가는 일도 싫증이 났다. 육사는 우산을 들고 난징의 시장거리로 나섰다. 비 오는 날이었지만 난징 성은 사람들로 북적였다. 하지만 번화가에 이르자 육사는 후회가 밀려왔다. 중국의 여느 도시들처럼 난징의 거리도 어수선하기는 마찬가지였다. 장사꾼들이 어지럽게 늘어서서 잡동사니들을 팔고 있었고 상인들은 초췌해 보였다.

육사가 보기에 중국의 인민들도 조선인들 못지않게 생활이 빈곤했다. 노동자들의 임금은 형편없었고, 농부들은 곡식과 과일을 헐값으로 중간 상인들에게 넘겨야 했다. 심지어 부패한 권력자나 자본가에게 땅을 잃고, 일자리를 빼앗긴 채 거리에서 구걸하는 이도 적지 않았다. 그뿐인가. 청방처럼 암흑가 세력을 등에 업은 자본가들이 아편굴이나 매음굴을 운영하며 피로와 절망에 빠진 가난한 중국 인민의 고혈을 뽑아 먹고 있었다.

중국 경제를 위협하는 것은 부패한 관리와 자본가만 있는 게 아니었다. 중국은 물밀듯 들어오는 외국 상품으로 시장이 잠식되어 있었다. 가내 수공업에 의존하던 중국의 상품들은 가격과 품질 경쟁에서 외국 상품을 도저히 이길 수 없었고, 영국, 프랑스, 일본 같은 열강들은 교역이라는 명분으로 중국에서 싼 값에 원료를 착취해 갔다. 농촌은 몰락했고 시장은 활기를 잃은 채 시름시름 앓고 있었다. 그 고달픈 삶이 너저분하게 흩어져 거리 곳곳에 퀴퀴한 냄새를 풍겼고 봄비의 물큰한 비린내와 뒤엉켜 난징의 거리는 두통을 일으킬 정도였다.

육사는 숙소로 돌아가고 싶었다. 그러다 자신이 서 있는 반대편 골목에서 우연히 골동품점을 발견했다. 도자기와 붓, 벼루, 옛 서책, 시대를 가늠할 수 없는 그림들이 좁은 가게 안에 빼곡히 들어차 있었다. 육사는 무심코 그곳 가판에 진열된 소품에 눈길이 갔다. 어릴 적 할아버지 책상 서랍 속에 들어 있던 인장들처럼 도장 재료들이 가지런히 놓여 있었다. 육사는 그것들 중 하나를 집어 들었다.

그 순간 할아버지가 떠올랐다. 어릴 때 할아버지께서 그림이나 글씨를 쓰고 붉게 인장을 찍던 모습이 스치고 지나간 것이다. 탄환과 포탄 냄새, 흙먼지와 구호 속으로 사라져 버렸던 낙동강의 풍경과 할아버지의 너른 품이 생생하게 떠올랐다.

육사는 인장을 들어서 꼼꼼히 살폈다. 비취였다. 그다지 크지도 않았지만 그 작은 인장에 시경의 빈풍칠월 한 편이 새겨져 있었다. 글자의 모습이 아담하고 섬세한 것으로 보아 한 눈에 봐도 뛰어난 장인이 만든 것을 알 수 있었다.

"육사 동지! 뭘 그렇게 뚫어지게 보는 겁니까? 그냥 흔한 도장 재료 같은데."

육사와 함께 난징 시내 나들이에 따라나선 1기생 동기 문길환이었다.

"길환 동지는 잘 모를 거요. 곧 난징을 떠날 텐데 이런 징표 하나는 있어야 할 거 아니오."

"육사 동지는 알다가도 모르겠소. 약산에게 맞설 때 보면 굉장히 냉철하고 공격적인 사람 같다가도 이럴 때 보면 낭만적인 구석도 있고. 어느 게 진짜요? 하하하."

길환은 지루한 일상에 흥미로운 구경거리라도 난 듯 육사를 보며 호쾌하게 웃었다. 그는 육사가 조선으로 귀국할 때 함께 돌아갈 짝이었다. 1기생 중에서 조선으로 돌아가기로 한 사람은 총 여섯 명. 이남해와 김영배 그리고 신중배와 이원, 마지막으로 문길환과 육사였다. 지도부에 돈이 모자라기도 하고, 한 번에 여럿이 이동하는 게 의심을 받을까 봐 일행은 둘씩 짝지어 국내로 귀국할 예정이었다. 처남 안병철과 세주는 육사와 동행하지 않았다. 안병철은 특수 공작과 2기생 모집의 임무를 띠고 만주로 파견되었고, 세주는 2기생 교육을 위해 우선 난징에 남아 교관으로 활동할 예정이었다.

길환과 육사는 조선으로 돌아가 노동자와 농민에게 혁명 의식을 고취하면서 간부 학교 2기생을 모집해 난징으로 보내라는 임무를 부여받았다. 김원봉은 육사가 중국에 남아서 군인으로 뛰어난 능력을 펼치길 바랐지만 육사는 조선으로 돌아갈 뜻을 꺾지 않았다. 부패하고 무능한 중국군에 소속되는 것보다 조선으로 돌아가 홀로 자신만의 전투를 벌이자는 생각이었다.

육사는 빈풍칠월이 새겨진 인장의 값을 치르고 후련한 마음이 들었다. 사실 육사는 간부 학교를 졸업할 때까지도 김원봉과 팽팽한 긴장을 유지했다. 한때는 김원봉을 따르는 무리가 육사를 소외시킬 정도였다. 그런 까닭에 육사는 마음이 편치 않았고, 난징 성내에 머무는 순간에도 어딘가 불편했는데, 단아하게 생긴 인장을 얻고 나니 불편한 마음이 말끔히 사라졌다. 인장을 바라보고 있노라면 칠월의 한가로운 낙동강과 할아버지가 떠올라 잠시나마 답답한 현실을 잊을 수 있었다.

보름쯤 흘렀을까. 마침내 지도부에서 연락이 왔다. 난징에서 상하이로 이동하라는 거였다. 이제 육로를 거쳐 조선으로 귀국하는 것은 더 이상 안전하지 않았다. 예전보다 훨씬 더 검속이 강화된 일본군 점령지를 지나야 했고 자금도 넉넉하지 않아서 신분 노출도 적고 비용도 아낄 겸 상하이에서 정크선을 타는 뱃

길을 택했다. 상하이로 이동한 일행은 얼마 지나지 않아 짝을 지어 조선으로 떠났다. 하지만 육사와 문길환은 자금이 부족해 여전히 상하이에 발이 묶여 있었다.

그러던 6월의 토요일 아침. 함께 식사를 하던 문길환이 담배를 사러 나갔다가 조간 신문을 들고 왔다.

"양성포가 암살당했다는군요."

"뭐요? 남의사 놈들 짓이로군. 역시 장제스 정부는 믿을 수가 없군요."

중국의 원로 정치인 양성포. 그는 루쉰 같은 중국의 진보적인 작가들을 보호하고 민주화 운동을 이끌며 국민당 장제스의 독재에 맞서던 인물이었다. 육사는 생각했다. 만약 김원봉 말대로 중국에 남는다면 자신도 어쩌면 남의사처럼 백색 테러에 가담할 수도 있었다는 것을.

그날 여관으로 손님이 한 사람 찾아왔다. 육사가 대구에 있을 때부터 알고 지내던 사람으로 출판 일을 하던 R이었다.[*] 그는 일찌감치 상하이로 넘어와 프랑스 조계지에서 진보적인 작가들과 교류하고 있었는데 육사도 그를 꼭 한 번 만나고 싶었다. 그 방

---

[*] R은 육사의 '문외한의 수첩'과 '노신론'에 등장하는 인물로 자세히 밝혀진 바 없다.

면에 지식과 경험을 얻기 위해서였다.

"이곳에 계셨군요. 오랜만입니다. 이름을 육사로 고치셨다고."

"네. 이렇게 와 주셔서 고맙습니다. 특별히 뵙자고 한 건 아니고 상하이까지 왔는데 얼굴도 못 보고 떠나기는 아쉬울 듯해서요."

"잘 하셨어요. 곧 조선으로 돌아가실 거라고 하던데?"

"네. 조선에 돌아가 글을 쓰면 어떨까 생각하고 있습니다."

"그런데 육사! 소식은 들으셨습니까? 양싱포⋯⋯."

"네. 들었습니다. 어떻게 그런 일이. 남의사의 짓이겠죠?"

"잔인한 놈들이죠. 아들이 보는 앞에서 암살했다더군요. 장제스의 하수인이 틀림없을 겁니다. 육사! 지금 만국빈의사에서 그분 장례식을 치르는데, 가 보시겠습니까? 진보적인 작가들에게 상징 같은 존재여서 작가들도 꽤 참석할 겁니다."

"네. 가 봐야죠. 독재에 희생된 민권 운동가시고, 그렇게 먼 거리도 아니니까요."

두 사람은 만국빈의사까지 차로 동행했다. 거리에는 프랑스 공무국 경찰들이 예리한 눈초리로 행인들을 주시하고 있었다. 프랑스 조계지에서 일어난 사건인 만큼 프랑스 측은 거리의 경계를 더욱 삼엄하게 유지했다.

쑨원과 함께 중화민국을 열었던 양싱포. 그의 죽음을 안타까워하는 사람들의 조문 행렬은 꾸준히 이어지고 있었다. 육사와

R은 양싱포의 영정 앞에 향을 사르고 묵념을 했다. 육사는 핍박받는 인민을 위해 한평생을 바쳤다면 나라와 민족을 떠나 추모할 이유는 충분하다고 생각했다.

R과 육사가 간단한 예를 마치고 돌아 나설 때였다. 어느 중년 여성이 두 명의 젊은 수행원과 함께 조문을 하기 위해 들어오고 있었다. 주위 사람들은 여성을 보고 자리를 비켜 주며 깍듯하게 인사를 올렸다. 그녀의 곁에는 연회색 두루마기에 검은 마괘자를 입은 한 중년 남자가 동행하고 있었다. 얼핏 보기에 두 사람은 부부 같았지만 뭔가 어색해 보였다. 여자가 먼저 향을 살랐고 그 뒤로 남자도 무릎을 꿇고 향을 올렸다. 그러다 남자는 양싱포의 관을 붙들고 갑자기 통곡하기 시작했다. 그 누구도 그를 말리지 않았다. 서럽고 처절하게 흐느끼는 그의 모습에 주위 사람들이 숙연해질 뿐이었다.

R이 육사를 돌아보며 귀엣말로 조용히 속삭였다.

"저 분이 누군 줄 아시오?"

"글쎄요. 남달라 보이는군요."

그들은 쑹칭링과 루쉰이었다. 쑹칭링은 쑨원의 아내로 차이위안페이와 함께 장제스에 반대하여 반파시스트 운동을 펼치던 투사였고, 루쉰은 육사가 마음속 깊이 존경해 마지않았던 중국의 국민 작가였다.

"잠시 여기서 기다리시오."

R은 육사를 두고 쑹칭링과 루쉰이 있는 곳으로 성큼성큼 다가 갔다. 놀랍게도 R은 루쉰과 친분이 있는 듯 한동안 이야기를 주고받았다. 그리고 얼마 후 R이 육사에게 손짓을 했다. 그쪽으로 오라는 것이었다.

"이분은 루쉰 선생입니다. 더 소개가 필요 없겠지요. 그리고 선생님! 여기는 큰 뜻을 품고 상하이까지 온 조선 청년입니다. 인사드리세요."

"이육사입니다. 뵙게 되어 정말 영광입니다."

"반갑소."

루쉰은 공손히 인사를 드리는 육사의 두 손을 뜨겁게 붙잡았다. 마치 오랫동안 만나지 못했던 절친한 친구라도 본 것처럼 루쉰은 낯선 이방인의 손을 정답게 붙잡았다.

"앞으로 글을 쓸 거라고 하던데요. 민중을 위한 글을 잘 부탁하오. 핍박받는 민중을 위한 글이라면 중국어든, 조선어든 무슨 관계가 있겠소."

루쉰은 국민당 정부로부터 쫓기는 신세고, 양싱포의 죽음으로 큰 충격을 받았을 터인데도 따뜻한 목소리로 젊은 육사를 격려해 주었다.

"예술은 정신과 마음을 움직이는 가장 큰 힘이오. 그래서 정치가들의 유혹에 빠지기 쉽소. 예술이 정치에 종속되어서는 안 되오. 그렇다고 예술이 스스로 권력이 되어서는 더더욱 안 되오. 순수한 정신으로 정치를 올바로 이끌고, 인민을 깨우쳐서 그들 스스로 정당한 권력을 만들도록 해야 하오. 육사라고 했죠? 나도 젊은 조선 청년을 꼭 한번 보고 싶었소. 조선에 돌아가면 꼭 인민을 위한 글을 쓰시오. 그러면 언젠가 조선도 일본으로부터 벗어날 거요."

"고맙습니다. 이런 말씀까지 해 주시다니. 저는 아직 어떻게 글을 써야 할지 모르겠습니다."

"누구나 마찬가지요. 현실의 맥박을 보다 깊이 느껴야 하오. 현실의 결점이나 병폐를 투철히 파악하지 못한다면 사회를 바꾸기는커녕 사람들을 더 혼란스럽게 할 겁니다."

"네. 마음속에 새기겠습니다."

"오늘은 참으로 슬픈 날이오. 하지만 그대를 만나서 기분이 한결 나아졌소. 부디 인민을 일깨우시오. 그렇지 않으면 그대가 원하는 조선의 독립이 와도 독립이 온 게 아닐 거요."

독립이 와도 독립이 온 게 아니다! 육사는 장례식장을 빠져나오며 루쉰의 말을 곱씹었다. 독립이라는 게 뭔가? 그것은 자유롭게 홀로 설 수 있는 상태다. 그러니 무엇보다 홀로 설 수 있는 정신이 없다면 그건 독립이 아니다. 지금 중국을 보자. 껍데기는 독립 국가이지만 인민들의 의식은 식민지인과 다르지 않다. 백성들은 봉건적인 생각에서 아직 벗어나지 못했고, 외세에도 시달리고 있다. 장제스의 국민당과 마오쩌둥이 이끄는 공산당은 서로를 공격하고, 백성들은 둘 중 누군가가 자기들을 구원해 줄 거라고 막연하게 믿고 있다. 스스로 깨우치지 않고 누군가가 이끄는 대로 따라가는 타성에 젖은 사람들. 그들에게는 독립은, 독립이 아닌 거다.

조선은 더 말해 무엇하랴. 조선이야말로 어느 날 독립이 와도 독립이 온 게 아닐 수 있다. 식민 지배에 길들여지고 타성에 젖은 이들에게 독립이 무슨 의미가 있나. 그러니 물리적인 전투와 총칼이 중요한 게 아니다. 의식을 일깨우는 전투가 조선에 필요하다. 말과 글이 총이 되고 칼이 되어 오래 묵은 봉건적인 생각을 도려내야 한다.

루쉰을 만난 뒤 육사는 한동안 벅차오르는 감동에서 빠져나오지 못했다. 늘 존경하던 분을 직접 만났으니 흥분을 가라앉히기 어려웠던 것이다. 육사는 루쉰을 만나 글이 지닌 힘에 대해 확신하게 되었다. 글쓰기가 현실에 직접 저항하지 못하는 비겁한 자들의 자기 합리화가 아닐까 하는 의심은 완전히 사그라들었다.

수일이 지난 7월의 어느 날 밤. 육사와 길환은 귀국하기 전 마

지막 인사도 할 겸 R과, R을 잘 아는 작가를 불러 이야기를 나누
고 있었다. 며칠 전 김원봉으로부터 조선으로 어서 귀국하라는
연락이 온 걸 보면 여비와 공작 자금이 곧 도착할 분위기였다.
자연스럽게 대화는 양싱포와 장제스 그리고 루쉰으로 이어졌다.
R과 육사는 장제스가 지금처럼 정치를 한다면 언젠가 권력을 빼
앗길 수밖에 없다고 입을 모았다. 그때였다. 여관 문을 조용히
두드리는 소리가 들렸다. 육사와 길환은 한순간 긴장했다. 딱히
찾아올 사람이 없었기 때문이었다. 일행은 누군가 밀고를 한 것
은 아닌지 서로의 눈을 바라보며 긴장했다.

"다 늦은 밤에 누굴까요?"

길환은 육사를 바라보며 말했다.

"글쎄요."

"혹시 일본 밀정이면 어떡합니까?"

"프랑스 조계지이니 별일 없을 겁니다."

말은 담담하게 했지만 육사도 불안감이 엄습했다. 아무리 프
랑스 조계지라지만 일본 밀정이 언제 덤벼들지 알 수 없었고 며
칠 전 양싱포를 살해했던 남의사도 여전히 거리에서 활개를 치
고 다녔기 때문이었다. 육사는 성큼성큼 문을 향해 걸어갔다. 길
환은 문 뒤쪽으로 자리를 옮겼다. 혹시나 여차하면 상대를 제압
할 심산이었다. 육사도 바지 뒤춤에 오른손을 가져갔다. 그리고

오른손 검지를 딱딱한 트리거에 올려 두었다. 육사는 조심스럽게 문을 열었다.

"육사 동지! 나요! 나!"

"누구?"

푹 눌러 쓴 모자 밑으로 선한 눈이 들여다보였다. 세주였다.

"세주! 어떻게 이렇게 직접?"

"그러게요. 요즘 길이 참 사납소이다."

"어서 들어오시죠."

"육사가 조선으로 돌아가면 언제 다시 볼 지 기약도 없고, 요즘에는 사람을 믿기도 어렵지 않소? 그래서 내가 직접 간다고 단장을 졸랐더랬소. 하하!"

육사와 세주는 뜨겁게 두 손을 맞잡았다. 길환도 세주를 알아보고 뜨거운 포옹으로 인사를 대신했다. 그들은 테이블에 둘러앉았다.

"고맙습니다. 험한 길을 이렇게 직접 찾아와 주시고."

"하하! 나는 육사를 본다는 기쁨에 오는 내내 즐거웠소."

세주는 예전처럼 호탕하게 웃더니 가방 안에서 낡은 종이 봉투를 꺼냈다.

"자, 이거 귀국할 여비와 공작에 필요한 자금이오. 얼마 안 되어 미안하오. 육사 그리고 길환 동무. 조선으로 어서 침투하시오. 가서 사람들을 모아 주시오. 꼭 투철한 뜻이 아니어도 좋소. 어차피 난징에서 조선 독립의 필요성을 교육할 테니."

세주는 다시 가방 안을 뒤적이더니 큰 술병 하나를 꺼냈다.

"별 걸 다 준비해 오셨습니다."

"육사! 우리가 언제 다시 볼지 모르지 않소? 육사는 조선으로 돌아갈 거고, 나는 아무래도 중국에 계속 머무를 텐데. 어쩌면 오늘이 우리의 마지막 밤이 될 지도 모르지요."

"무슨 그런 말씀을."

"생각해 보시오. 우리 같은 사람은 언제 밀정 놈들한테 잡힐 지 모르고 감옥에 갇히기라도 하면 풀려날 기약도 없지 않소. 고문으로 죽을 수도 있고. 그건 나나, 육사나, 여기 모인 분들 모두 다 마찬가지 아니오. 그러니 다들 무탈하기를 기원하면서 오늘 밤을 기억합시다. 소식이 없으면 그저 잘 지낸다고 생각들 하자 고요. 하하!"

술잔이 서너 번 돌았다. 독한 중국술 때문에 취기가 바로 올라 왔지만 정신은 오히려 유리처럼 맑아졌다.

"세주! 앞으로 어떻게 하실 작정입니까?"

"난 난징에서 군사 학교 교관을 하다가 때가 되면 직접 일본군 과 맞설 작정이오."

"만주에서 활동하던 독립군도 뿔뿔이 흩어졌다는데 어떻게 하시려고요?"

"지금 여러 세력들이 하나로 통합하려고 노력 중이오. 일본은 만주로 끝나지 않을 겁니다. 조만간 중국 본토를 공격하겠지요. 일본에 맞서려면 모든 독립 세력이 통합을 해야 합니다."

"서로 생각이 잘 맞아야 할 텐데요."

"노력해야죠. 양세봉 장군이 활동하던 조선 혁명당, 조소앙 선생이 참여한 한국 독립당, 또 신익희 선생이 이끄는 신한 독립당과 미주에서 활동 중인 김규식 선생 그리고 우리 의열단까지. 생각이나 방법이 조금씩 다르지만 나는 이들이 민족 혁명이라는 목적으로 하나가 된다면 얼마든지 하나의 의용군을 만들 거라고 생각합니다."

육사는 애틋한 눈빛으로 세주를 바라보았다. 세주의 눈빛은 무척 강렬해 보였지만 어느 순간 미세하게 흔들리고 있었다. 그도 알 수 없는 미래에 대한 불안과 초조를 느꼈으리라. 어쩌면 세주의 말처럼 오늘이 그와 마지막 밤이 될 지도 모른다.

육사는 갑자기 세주에게 기념이 될 만한 것을 남겨야겠다는 생각이 들었다. 조선으로 돌아가면 언제 다시 중국으로 올지 모른다. 그 사이에 세주는 일본군을 향해 목숨을 걸고 전쟁터를 누비고 있겠지. 적어도 그를 지켜 주고 싶은 마음을 담아 징표를 주어야 한다. 그것이 비록 불멸의 수호신처럼 그를 지켜 줄 수 없고, 그에게 큰 의미가 아닐지 모르나 적어도 그를 응원하고, 지키려 하는 이가 있다는 걸 떠올릴 만한 징표, 그것을 주고 싶었다.

"세주! 이것 받으시오."

"무엇이오? 이게?"

"세주 말처럼 우리가 언제 다시 볼지 모르니 기념으로 받으시오. 그리고 어디서든 몸조심하십시오. 너무 홀로 나서지 말고요."

육사는 난징 성내에서 구입했던 귀여운 비취 인장을 꺼내었다. 고향 생각이 날 때면 품에 품고, 잠들 때조차 손에 꼭 쥐고 있던 물건, 지금 육사에게 가장 소중한 것은 바로 비취 인장이었다.

"이왕에 주는 거, 여기 육사가 줬다는 거 써서 주시오. 세상이 좋아지면 또 모르지. 육사가 위대한 시인이 될 지도. 그러니 여기 육사라고 이름 좀 새겨 주시오. 하하!"

세주는 진지한 분위기가 무안한 듯 호탕하게 웃으며 말을 이었다.

贈 S, 1933. 9. 10. 陸史.

"마음에 드십니까?"

"네. 좋네요. 마치 자유롭고 아름다운 조국으로 들어가는 출입증 같소이다."

"선생님. 두 분만 기념하지 마시고 우리도 이 자리를 기념할 만한 뭔가를 했으면 합니다. 카메라가 없으니 사진은 어렵고.

아, 얼마 전 육사가 노트에 메모하던 시가 있었는데 그 시를 한 번 낭송하면 어떻겠습니까?"

잠자코 옆에 있던 문길환이 나서며 말했다.

"좋습니다. 여기 작가 분들도 와 계시니 이날을 기념하는 자리에도 썩 잘 맞는구료."

세주가 환하게 웃으며 답했다. 육사는 부끄러우면서도 노트를 집어 들었다.

"상하이에서 단둥으로 정크선을 탈 걸 생각하고 몇 글자 적어 본 겁니다. 아직 완성되지는 않았는데 내용이 무거울까 봐 걱정입니다."

목숨이란 마치 깨어진 뱃조각
여기저기 흩어져 마을이 한구죽죽한 어촌보다 어설프고
삶의 티끌만 오래 묵은 포범처럼 달아 매였다

남들은 기뻤다는 젊은 날이었건만
밤마다 내 꿈은 서해를 밀항하는 정크와 같아
소금에 쩔고 조수에 부풀어 올랐다

항상 흐렷한 밤 암초를 벗어나면 태풍과 싸워 가고

전설에 읽어 본 산호도는 구경도 못 하는
그곳은 남십자성이 비쳐 주도 않았다

쫓기는 마음! 지친 몸이길래
그리운 지평선을 한숨에 기오르면
시궁치는 열대 식물처럼 발목을 오여쌌다

새벽 밀물에 밀려온 거미인 양
다 삭어 빠진 소라 깍질에 나는 붙어 왔다
머ー ㄴ 항구의 노정에 흘러간 생활을 들여다보며
ー 〈노정기〉, 이육사.

일행은 모두 숙연해졌다. 모두들 한동안 아무 말이 없었다. 육사가 읊은 시가 자기들 이야기인 것만 같았기 때문이었다.

"모두들 무사하시길 바라오. 육사! 조선으로 건너가 부디 좋은 글을 쓰시오."

"세주! 너무 앞서지 마십시오. 동지들이 세주를 믿고 따르니 오래오래 견디셔야 합니다."

두 사람은 뜨거운 두 손을 붙잡았다. 바야흐로 각자의 혁명이 시작되는 시점이었다.

어느 때나 외로운 넋이었거니

　쾅, 쾅, 쾅, 쾅!

　누군가 거세게 문을 두드리는 소리가 들렸다. 육사는 대수롭지 않게 여겼다. 집주인 지인 중에 문을 세게 두드리며 찾는 사람이 더러 있기 때문이었다. 육사의 마음은 바빴다. 대구로 내려갈 채비를 서둘러야 했기 때문이다.

　귀국 후 육사는 서울에서 일자리를 찾을 작정이었다. 육사가 처음 머문 곳은 서울 재동 82번지 친구 류태하의 집. 그러다 근처 재동 85번지 문명희의 집에 세를 얻어 신문사 입사를 알아보고 있었다. 하지만 뜻대로 되지 않았다. 아마도 육사의 위험한 이력과 그의 글이 지닌 저항성 때문에 신문사가 부담을 느낀 까닭이었을 것이다.

　쾅, 쾅, 쾅, 쾅!

문밖의 소리는 더욱 거세게 들렸다. 육사는 거슬렸지만 또다시 짐 정리에 몰두했다. 사실 육사는 어떻게든 서울에 머물러 보려고 했다. 육사가 서울을 고집한 것은 북적거리는 서울이 은밀하게 공작을 수행하기에 유리했고, 또 일제의 식민 기관이 가장 밀집해 있는 곳이기 때문이었다. 잘 정돈된 전찻길에 카페와 영화관이 있었고 백화점과 병원, 학교와 책방 그리고 세련된 점포들이 오밀조밀하게 조화를 이룬 서울은 작가로 활동하기에도 한결 나았다.

쾅, 쾅, 쾅, 쾅!

'대체 어떤 작자야? 응답이 없으면 단념할 줄 알아야지.'

육사는 계속 문을 두드리는 자를 속으로 단죄해 보았다.

얼마 전 육사는 서울에서 신문사 일자리를 알아보기 위해 문학 평론가로 명성이 높아진 동생 원조에게 도움을 청했었다. 원조의 장인은 파리 강화 회의에 참여했던 이관용으로 언론계에서 명성이 높아서 어렵지 않게 일자리를 구할 거라 여겼다. 하지만 그마저도 신통치 않았다. 그러던 차에 육사는 대구 남성정에서 알고 지낸 〈조선일보〉 이상호에게 글을 띄웠다. 어떻게든 기자가 되어야 사람들에게 자연스럽게 접근할 수 있기 때문이었다. 다행히 얼마 후 대구 지역 특파원 자격으로 〈조선일보〉에 채용되었다는 소식이 왔다. 육사는 이제 막 대구로 내려갈 채비를 하는 중이었다.

쾅, 쾅, 쾅, 쾅!

문을 두드리는 소리가 더 거세게 울렸다. 그러더니 하늘을 찌를 듯한 금속성 굉음이 울렸다. 철문이 땅바닥에 떨어지는 소리였다. 육사는 깜짝 놀라 짐 정리를 멈췄다. 아무래도 심상치 않은 일이었다.

"여기가 이활의 집인가? 놈이 빠져나가지 못하게 샅샅이 수색해! 어서!"

서너 명의 일본 경찰이 육사의 방문을 에워쌌다.

"누구요? 무슨 일이오?"

육사는 뒤늦게 방문을 열었다. 그러자 고등계 형사가 육사를 끌어내고 바닥에 거칠게 눕히더니 곧바로 포승줄로 동여맸다. 그러고는 집 안을 샅샅이 뒤졌다. 육사는 혹시 몰라 지니고 있던 총기를 분해해서 대추나무 밑에 깊이 묻어 두길 잘했다고 생각했다.

"이활! 너를 조선 혁명 군사 정치 간부 학교 사건으로 긴급 체포한다."

"뭐요? 생사람 잡지 마시오!"

육사는 경찰에게 붙들리지 않기 위해 시치미를 뗐다.

"이활! 네 눈에는 대일본 경찰이 그렇게 우습나?"

"이활이라니. 나는 그런 이름도 처음이오. 나는 이원록이오."

"이원록? 그래 이원록이, 그게 진짜 이름이었지. 누군가는 이

육사라고 부르더군. 그만 발뺌해라, 이활! 이미 네놈 동기가 다 불었으니까!"

"뭐요?"

"네놈 동기, 아니 네놈 처남이 다 불었단 말이다. 안병철이 자수했단 말이다!"

"뭐? 그, 그럴 리가. 그럴 리가⋯⋯."

"아직 모르고 있었나? 김영배, 문길환, 윤익균 모두 붙잡혔다. 네놈 처남이 불어 준 덕에."

육사는 온몸에 기운이 빠졌다. 다리에 힘이 풀려 더 이상 저항할 수조차 없었다.

'병철이가? 병철이가? 그 애가 자수를 했다고?'

그렇다. 안병철은 졸업식 이후 만주로 파견되었다가 11월 평티엔에서 일본 헌병대에 자수를 하고 말았다. 좁혀 오는 포위망에 쫓기다 끝내 포기했던 것이다.

사방이 어두컴컴한 취조실. 중앙에는 천장에서 내려온 검은 전깃줄 끝에 백열등이 매달려 있다. 심문을 받는 쪽으로 전등갓이 치켜져 얼굴을 환히 비추는 바람에 육사는 제대로 눈을 뜰 수가 없었다. 경성부 형무소. 사람들은 이곳을 서대문 형무소로 더 자주 불렀다.

이름은?

- 이활이다.

나이는?

- 서른이다.

직업은?

- 없다.

주소는?

- 경성부 재동 85번지.

본적은?

- 경상북도 안동군 도산면 원천동 881번지.

지금까지 형사 처분, 기소 유예 또는 훈계 방면을 받은 일은 없나?

- 다 알면서 뭘 묻나? 1927년에 조선은행 대구 지점 폭탄 사건 피의자로 대구 지방 법원 검사국에 송치되었다가 진범이 붙잡혀서 풀려났다. 그리고 4년 뒤, 대구 격문 사건 때 피의자로 대구 지방 법원에 송치되었다가 불기소 처분으로 출소했다.

국민 정부 군사 위원회 간부 훈련반 제6대의 목적은 뭐냐?

- 알고 싶나? 세 가지다. 첫째는 일본과 만주국의 요인을 암살하고 중요 기관을 파괴하는 것이고, 둘째는 조선의 노동자와 농민층에 파고들어서 혁명군을 조직하기 위한 준비 공작을 하는 것이다. 셋째는 만주에 있는 반일 단체와 연합해서 일본 제국을 타도하고 조선의 절대독립 및 만주국을 탈환하는 것이다.

입대 후에 무슨 교육을 받았나?

-오전에 강당에서 사회학 강의를 듣고, 점심 먹고 군사 교련에 들어가 오후 두 시부터 야외 훈련을 하고, 저녁을 먹은 후에는 강당에서 중국어를 배웠다.

제대로 똑바로 자세하게 말해라.

- 풋. 그래 좋다. 정치학과 사회학 시간에는 유물 사관, 철학, 사회학, 각국 혁명사 등을 배웠다. 그리고 군사학, 사격 교범, 축성 교범, 지형학, 전술, 폭발, 기관총학, 폭탄 제조법, 군대 예절, 비밀 공작도 배웠다. 됐나?

비밀 공작? 뭘 배우는 건가?

- 그것도 모르나? 통신법, 선전법, 연락법, 집합법, 폭파 방법 등을

한 번씩 익혔다.

그런 것들은 왜 배우나?

- 조선에서 폭동 사건을 일으킬 때, 사람들을 모으고 그들을 지휘하기 위해서다.

너는 간부 훈련반 제6대가 어떤지 알면서 입대한 것인가?

- 물론이다. 나는 조선 독립운동을 위해서 조선으로 돌아가 노동자, 농민에게 독립 사상을 고취하려는 생각이었다.

귀국할 때에 김원봉에게서 무슨 임무를 받았는가?

- 조선 내에서 노동자, 농민, 청년에게 혁명 의식을 주입하고, 한편으로 혁명 의식이 없는 청년을 차기 훈련반원으로 밀파하라는 명을 받았다.

"조선 놈들은 한결같이 재수가 없군. 자기가 민중의 영웅이라도 되는 모양이지. 재수 없는 놈. 그나저나 이게 몇 놈 째야. 간부 학교라고? 나라도 없는 것들이 간부라니? 미친놈들!"

육사를 심문한 고등계 형사는 인상을 잔뜩 찌푸린 채 공중에다 큰 소리로 중얼거렸다.

"이활! 저자는 뭔가 잔뜩 숨기고 있어. 음험하고 교활한 놈 같으니."

고등계 형사는 주먹으로 탁자를 내리치며 말했다. 그러자 조선인 도순사가 말을 이었다.

"먹고 사는 일은 팽개치고 이곳저곳 배회하던 자입니다. 공부도 꽤 한 모양인데 제국을 위해 일하지는 않고 만주에 들락거리다가 소재가 불명이어서 수배 중이었지요."

"말하는 것만 봐도 불량한 놈이 분명해. 그렇다 쳐도 실제 범죄를 저지르지 않았으니 오래 붙잡아 둘 수는 없을 거야. 어떻게 처리한다? 우선 기록이라도 분명히 남겨 둬야겠군."

고등계 형사는 신경질적으로 지껄이더니 소행 조서에 이렇게 썼다.

'배일 사상, 민족 자결, 항상 조선의 독립을 몽상하고, 암암리에 주위에 선전을 할 염려가 있음. 또 민족 공산주의로 전환하고 있는 것으로 보아 나아질 여지가 없음.'*

● 　육사는 1934년 5월 22일 체포되어 6월 17일, 19일에 경성 경찰서에서 신문을 받았으며 6월 23일 기소 유예 의견으로 석방되었다. 7월 20일 고향인 안동 경찰서에서 〈이원록 소행 조서〉가 작성되었는데, 본문의 내용은 육사에 대한 세 편의 기록을 재구성한 것이다. 마지막 서술은 7월 20일 안동 경찰서 기록에서 발췌하였다.

볕도 들지 않는 감방. 고문의 상처로 곳곳에서 신음이 새어나왔다. 가끔은 상처가 깊어 목숨을 잃거나 스스로 곡기를 끊고 숨진 이들이 거적때기에 덮여 어디론가 실려 나가는 서대문 형무소. 일면식도 없는 사람들이었지만 그들은 김묵과 장진홍 선생처럼 죽음으로써 올곧은 삶을 지키고 그 대가로 육신을 잃었을 것이다. 육사는 복도를 지나가는 수레 소리가 들리면 저절로 고개가 숙여졌다. 그것이 이름 모를 동지에 대한 마지막 예의였다.

처남이 자수를 하다니. 육사는 마음이 무너져 내렸다. 육사는 생각했다. 어쩌면 처남은 처음부터 의지가 없었을지도 모른다. 그저 낯선 만주 땅에 매형이 다녀온다고 하니 젊은 혈기에 따라나섰을 것이고 군사 간부 학교에 입교할 때에도 주변 분위기 때문에 차마 거절하지 못했을 것이다. 그저 착하게 학교 다니고 제대로 세상에 맞서는 법을 몰랐던 친구를 괜히 데려다가 어설프게 혁명 투사를 만들겠다고 생각한 것이 잘못이었다.

'처음부터 마음 약한 병철이를 데려가는 게 아니었어. 이제 이일을 어찌할까.'

6개월 간 이국 땅 난징에서 쏟았던 피와 땀, 그 치열한 훈련의 성과는 이제 그 빛을 볼 수 없다. 그뿐인가. 중국 국민당 정부에게 자존심을 구겨 가며 원조를 받았던 일도 아무 의미가 없다. 무엇보다 동지들까지 모두 붙잡혔다니 앞으로 그들을 어떻게 볼 것인가. 행여 수레에 실려 나가는 시신처럼 이미 싸늘하게 굳어 버린 이라도 있다면……. 육사는 자신의 실수로 뜻있는 동지들이 목숨을 잃을까 밤잠을 이루지 못했다.

'모든 일을 잘 모르겠다고 시치미 뗐으면 됐을걸. 동지들까지 다 불어 버리다니.'

육사는 병철의 입장을 헤아리다가도 그가 동지들 정보까지 밝힌 것만큼은 용서할 수가 없었다. 일본의 수족처럼 나뒹구는 밀정이나 더러운 친일파보다 더 나을 게 뭔가. 혁명의 교두보는 기초도 쌓지 못한 채 무너지지 않았는가. 저항의 씨앗을 구해 오라던 김원봉, 멀리서 목숨으로 투쟁을 벌일 세주를 앞으로 어떻게 볼 수 있을까.

육사는 분이 풀리지 않아서 주먹으로 벽을 치고 또 쳤다. 손등에 피딱지가 겹겹으로 들러붙었다. 하지만 아무리 육체적인 고통을 가해도 죄책감은 줄어들지 않았다. 차라리 고문받는 게 마음이 더 편했다. 실컷 두들겨 맞고, 고통을 당하고 있노라면 정신의 고통을 잠시나마 잊을 수 있기 때문이었다. 간수들은 혀를 내두르며 독한 놈이라고 했지만 육사는 더 사납게 매운 채찍을 맞을 각오가 되어 있었다.

육사의 투옥 생활은 길지 않았다. 간부 학교를 다녔지만 그 외에 법률을 위반한 활동을 하지 않았기에 잡아 둘 죄목도 명분도 없었던 것이다. 육사의 마음은 복잡했다. 감방에서 고문받는 것이 양심의 가책을 조금이나마 덜 수 있는 방법이었는데 출소를 하니 부끄럽고 민망해 도저히 견딜 수가 없었다.

육사는 재동 하숙집으로 돌아왔다. 참을 수 없는 수치스러움에 육사는 바깥출입을 하지 않고 오로지 방 안에 틀어박혀 지냈다. 며칠 후 누군가 비밀스럽게 편지를 두고 갔다. 이제부터 일본 경찰이 따라붙을 테니 행동을 자제하고 동지들과 접촉하지 말라는 메시지였다. 육사는 허무하고 야속했다. 마치 조직에서 퇴출당하는 심정이었다. 하지만 그를 쫓는 밀정이 어디 있는지 알 수 없는 상황에서 함부로 누군가를 만나는 일은 피해야 했다. 육사는 또다시 내면에 걷잡을 수 없는 분노가 일었다. 그 분노로 장인께 편지를 썼다.

'이번 안병철 군의 일을 이미 잘 아실 거라고 생각합니다. 아무리 천성이 여리다고 해도 이번 일은 용서하기 어렵습니다. 얼마나 많은 동지들이 뜻을 펼쳐 보지도 못하고 고초를 겪고 있는지 잘 아실 것입니다. 저는 비겁한 핏줄과는 아무래도 함께 살기 어렵습니다. 그러니 따님을 귀댁으로 데려가시기 바랍니다.'

그렇다. 더러운 피를 지닌 가족의 딸을 아내로 인정할 수는 없다. 이건 퇴계 선생 이래로 줄곧 신의를 중시해 온 이 씨 가문에

먹칠을 하는 일이다.

아버지 같던 장인. 뼈대 있는 가문의 머리 좋은 사위를 얻었다고 동네에 잔치를 벌이고 집안의 어려운 사정을 늘 돌봐 주었던 어른. 대지주이면서도 항상 겸손하셨고 교육 사업에도 힘써서 백학학원 설립에도 나서며 학무 위원까지 지내지 않으셨던가.

아내를 떠올릴 때도 마음은 편치 않았다. 어린 나이에 가난한 집안에 시집와서 밖으로 나도는 남편 덕에 따뜻한 사랑 한 번 받아 보질 못한 채 늘 외롭게 지냈던 아내. 가난한 살림을 챙겨 주고 시부모를 정성껏 봉양한 조강지처를 내쳐야 한다니. 게다가 아내는 하나밖에 없는 피붙이마저 저 세상으로 떠나보내지 않았던가. 정녕 아내를 쫓아내야만 하는가? 이 방법밖에 없는가. 하지만 싫다. 같이 있는 걸 생각만 해도 온몸에 두드러기 날 지경이다. 배신의 피가 흐르는 여인을 가족으로 받아들인다면 동지들의 피 값을 어찌 갚는단 말인가.

육사는 그 뒤로 술이 늘었다. 무엇이 옳고 그른 것인지 스스로 분간하기 어려웠다. 아버지 같던 장인을 내몰고 죄 없는 아내를 떠나보내는 게 육사에게는 쓰라린 상처였다. 차라리 술에 취해 정신을 잃는 게 나았다. 하지만 아무리 술을 마셔도 정신은 오히려 말짱했다. 본래가 술이 센 육사였고 사무치는 괴로움이 정신을 더 긴장하게 만들었기 때문이다. 잠을 이루지 못하는 밤들이 지나갔다.

날이 갈수록 정신도 몽롱해졌다. 문을 두드리는 소리가 들리면 육사는 온몸을 움츠리고 구석에 쪼그려 앉아 고개를 숙인 채 두 손으로 머리를 감쌌다. 누군가 자기를 찾을까 두려웠다. 그것이 일본 경찰이건, 의열단의 비밀 요원이건, 절친한 친구이건 육사는 누구도 마주하기 싫었다. 그렇게 시간이 흘렀다.

무덥던 7월이 가고 8월도 어느덧 하순에 접어들 무렵 누군가 육사의 방문을 열었다. 육사는 갑자기 열어젖힌 문으로 환하게 들어오는 햇살 때문에 앞을 제대로 분간하기 어려웠다.

"형님! 이게 웬일이에요?"

정겨운 목소리였다. 다섯째 원창의 목소리. 원창[**]은 육사 형제 중 다섯째로 아홉 살 아래 동생이었다. 원창은 눈물이 났다. 언제나 당당하던 형이고 일본의 총칼이 위협해도 결코 두려워하지 않던 형이었다. 그러던 형이 마치 정신줄을 놓은 것처럼 연약한 모습으로 골방에 숨어 있으니 원창은 안타깝고 슬펐다.

"형님! 이게 웬일이에요? 몸이 너무 상했어요."

[**] 육사의 다섯째 동생 원창은 아홉 살 연하로 1935년경부터 1940년경 〈조선일보〉가 폐간될 때까지 기자로 활동한 것으로 알려져 있다. (김희곤, 《이육사 평전》, 61쪽.)

“원창이구나. 나는 세상을 잘못 살았다. 나 같은 사람이 잘살면 안 되는 법이지. 동지들을 잃게 한 사람이 잘살면 세상 사람들이 다 나처럼 동지들을 배신할 게 아니냐!”

육사는 마시던 술잔을 다시 잡았다. 그러자 원창이 육사의 팔을 붙들었다.

“형님! 이렇게 폐인처럼 지내시면 안 됩니다. 다시 시작하셔야 합니다. 저는 늘 형님의 패기가 부러웠습니다. 지금도 형님처럼 기자가 되려고 노력 중입니다. 그런데 형님이 무너지시면, 저보고 쓰러지라는 말인가요?

“부질없다. 부질없어. 우리가 하려던 일은 밀정 한 명, 배신자 한 명이면 그냥 무너져 버린다. 애써 봐야 소용이 없어.”

“이야기 들었습니다. 형수님이 아주 속상해하십니다. 얼마 전에는 극단적인 행동까지 하는 걸 어머니가 겨우 말리셨습니다. 형님! 제발 예전 형님으로 돌아오십시오.”

“그 여자가 아직 집에 있단 말이냐? 쫓아내지 않고선.”

“형수님이 그러셨습니다. 자기는 더 이상 안 씨 집안사람이 아니라고요. 이 씨 집안사람이 된 지 오래됐는데 굳이 내쫓겠다면 죽으라는 게 아니냐고요. 이제 그만 노여워하고 용서하세요. 누구보다 형님 스스로를 용서하란 말입니다.”

육사는 고개를 떨궜다. 순하던 아내가 그런 마음까지 먹었다니 한순간 자신이 너무했다는 생각이 들고, 아내에게 미안했다. 육사는 한동안 말을 잇지 못했다.

"부모님이랑 원기 형님은 잘 계시냐?"

"부모님은 잘 계시죠. 형님이 이렇게 지내는 걸 보면 몹시 서운하실 겁니다. 원기 형님도 형님처럼 경찰에 끌려가서 조사받고 나오셨는데 몸이 많이 약해졌어요. 막내 원홍이는 원일 형님 닮아서 그림에 재주가 많아요. 지금은 국전을 준비하고 있답니다."

"그래, 너는 어쩔 작정이냐?"

"저는 신문사에 들어가려고요. 지금 이곳저곳 알아보고 있는데, 일본에서 원조 형님이 귀국하면 도움받을까 생각 중이지요. 원조 형님은 일본에 있으면서도 조선 문단에서 가장 주목받는 평론가가 되었고요. 아참, 원조 형님이 꼭 전해 달라고 했는데, 〈신조선〉사***에서 정약용 선생의 《여유당전서》를 발간할 계획이랍니다. 원조 형님이 스승으로 모시던 정인보 선생께서 사업을 주도하실 거라고 하던데요. 형님께 꼭 전하라고 했습니다. 마침

*** 〈신조선〉사는 〈조선일보〉 영업 국장을 지낸 권태휘가 설립한 출판사로, 종합 잡지 〈신조선〉을 간행하고, 정약용의 《여유당전서》 등을 발간하였다. 잡지 〈신조선〉은 본래 조선일보의 사업으로 1927년 2월 창간되어 2호까지 나온 후 휴간했고 한 차례 속간되었다가 1934년 9월부터 〈신조선〉사에서 간행되었다.

여기 광고도 났더라고요."

육사는 원창이 건네는 신문에 관심이 생겼지만 선뜻 받아들이지 못하고 외면했다.

"형님, 형님이 이렇게 무너지면 옥에 갇힌 동지들이 잘했다고 하겠습니까? 제발 기운을 차리세요."

원창은 하룻밤을 형과 함께 보낸 뒤 인천 쪽에 지인을 만나러 이튿날 바삐 떠났다. 원창이 떠난 후 육사는 원창이 두고 간 신문의 광고란을 유심히 살펴봤다. 다산 정약용의 서거 100주년 기념으로 〈신조선〉사에서 매월 두 권씩 총 칠십여 권의 대문고를 발행할 거라는 내용이었다. 원창이 이야기한 대로 정인보 선생이 참여할 거라는 소식도 실려 있었다.

'정인보 선생?'

동생 원조가 가족들을 만날 때마다 자랑을 늘어놓던 선생이 아닌가.

위당 정인보는 젊은 시절 재산을 정리해 독립군 기지 건설에 군자금을 보탠 인물이었다. 그는 중국에 머물며 박은식, 신채호와 함께 저항 운동을 펼치다 아내가 죽은 뒤 조선에 돌아와 조선 문학과 동양사를 가르치고 있었다. 그런 그가 다산 정약용이 떠난 지 100년을 기념하여 《여유당전서》를 간행하고자 했다.

갑자기 육사는 정신이 퍼뜩 들었다. 그래 달라진 것은 없다.

중국에 남지 않고 조선에 온 까닭이 무엇이었나. 조선의 청년들에게 저항 정신을 일깨우러 온 게 아닌가. 원창이 했던 말처럼 술에 절어서 스스로를 망가뜨린다면 그거야말로 일본이 두 손 들고 좋아할 일이겠지. 동지들에게 미안했던 일로 언제까지 주저앉을 수만은 없다. 다시 일어서야 한다. 해야 할 일들이 이렇게 눈앞에 있지 않는가. 마땅히 할 일을 하는 것, 그것이 죄를 씻는 길이다.

육사는 문을 열었다. 동쪽 하늘에서 하얀 구름이 맹렬하게 일어나고 있었다. 그 모습은 마치 광야를 내달리는 백마처럼 보였다. 육사는 자기를 옭아맸던 함정 속에서 천천히 빠져나오고 있었다. 이제 더 이상 부끄러워하고만 있지 않으련다. 힘차게 달리는 백마 위에 올라 타, 거친 들을 질주해야지.

내 골방의 커튼을 걷고, 정성된 마음으로

내 골방의 커튼을 걷고

정성된 맘으로 황혼을 맞아들이노니

바다의 흰 갈매기들같이도

인간은 얼마나 외로운 것이냐

황혼아 네 부드러운 손을 힘껏 내밀라

내 뜨거운 입술을 맘대로 맞추어 보련다

그리고 네 품안에 안긴 모든 것에

나의 입술을 보내게 해다오

-〈황혼〉 중에서, 이육사.

해질 무렵 육사는 골방의 커튼을 걷었다. 고운 황혼의 물결이 창밖 풍경을 부드럽게 매만지고 있었다. 마치 남아 있는 마지막 태양의 온기로 외롭고 지친 이들을 어루만지는 것처럼 느껴졌다. 육사는 자리를 털고 일어섰다. 앞으로 표나게 일제에 저항할 수는 없다. 밀정이 늘 주위를 감시할 테고 동지들도 경계할 테니 말이다. 하지만 싸움이 끝난 건 아니다. 뜨거운 태양은 아니더라도 부드러운 황혼처럼 세상에 맞설 힘은 여전히 남아 있다. 폭탄이 아니라면 총을, 총이 아니라면 칼을, 칼도 쓸 수 없다면 붓을 들면 되지 않나?

다음 날 육사는 무작정 황금정 2정목에 있는 〈신조선〉사를 찾아갔다. 정약용의 《여유당전서》 간행에 조금이나마 보탬이 되려는 생각이었다. 그런데 〈신조선〉사는 《여유당전서》만 준비하는 게 아니었다. 종합 잡지 〈신조선〉의 복간도 함께 준비하고 있었다. 놀랍게도 사장 혼자서 편집, 경영, 심지어 원고 청탁까지 하고 있었다.

육사는 자신의 이력을 소개했다. 어려서 할아버지께 한문학을 공부했던 실력을 발휘해 《여유당전서》의 간행에 힘을 보태고 싶고, 잡지 일도 거들고 싶다고 했다. 육사는 허락만 해 준다면 그간 썼던 자신의 글도 잡지에 싣겠다고 했다. 사장 권태휘는 육사의 글을 보더니 곧장 원고를 싣겠다고 허락했다.

1934년 9월 〈신조선〉 복간호에 실린 육사의 글*은 중국의 정치 현실에 대한 일종의 논설이었다. 마음 같아서는 일제를 대놓고 비판하고 싶었지만 그럴 수는 없었다. 일본을 자극하지 않으면서 군국주의를 비판하는 글, 그것은 중국 국민당 정부를 비판하는 글이었다. 육사의 눈에는 천황을 중심으로 정치를 펼치는 일본이나 장제스가 독재를 일삼는 중국은 크게 다르지 않았다. 둘 다 군국주의 정치로 민중들을 억압하기는 마찬가지였으니 말이다.

"당국을 자극하지 않으면서도 군국주의를 비판하니 아주 좋습니다. 우리 잡지의 방향과 아주 잘 맞아요. 이렇게 글도 주고 편집에도 참여해 주시니 고맙습니다."

"무슨 말씀을요. 제 글을 좋게 봐 주시니 고맙습니다."

"염치없지만 혹시 다음 호에도 실을 만한 게 있을까요?"

사장 권태휘는 원고 하나가 아쉬운 판에 육사의 등장을 아주 반가워했다.

"네? 제 글을 또 실어도 되겠습니까? 그렇지 않아도 얼마 전부

● 〈5중 대회를 앞두고 외분내열의 중국 정정〉. 이때 5중 대회는 중국 국민당 제5차 전국 대표 대회 예비 회의를 의미한다. 이 대회는 겉으로는 만주 사변 이후 일본에 어떻게 대응할지 논의하는 자리였지만 그 이면에는 공산군을 몰아내고 장제스의 독재를 더 견고하게 하려는 의도가 숨어 있었다.

터 국제 무역 동향에 관한 글을 준비 중이었는데요."

"국제 정세에 여러모로 밝으시군요."

"난징에 있을 때 배웠던 것들입니다. 지금 국제 무역은 자국 산업을 보호하기 위해 관세를 도입하는 추세입니다. 자본주의 체제에서 무한정 자유 경쟁을 하다 보면 자국 산업에 피해가 갈 테니 그걸 보호하려는 시도인 거죠. 이런 내용으로 글을 정리해 보겠습니다. 또, 요즘 소련과 프랑스의 관계도 흥미롭습니다. 영국은 소련이 사회주의 국가라고 경계하지만 프랑스는 소련과 좋은 관계를 유지하려고 노력하고 있죠. 얼마 전 히틀러가 독일을 집권하지 않았습니까? 아마 히틀러는 일본이나 이탈리아처럼 독일을 파시즘 국가로 만들 겁니다. 프랑스는 팽창하는 독일을 소련이 경계해 줄 거라고 믿고 있으니 두 나라 관계는 앞으로 잘 유지될 것입니다."

"육사! 혹시 다른 글이 있으면 언제든 말하시오. 글을 실을 만한 잡지를 더 알아보겠소. 당장 〈개벽〉에 글을 실을 수 있을 거요. 내가 잘 아는 사람이 있으니."

그 후로 육사는 자기를 혹사할 만큼 글쓰기에 몰두했다. 글을 쓰는 동안은 잠시나마 죄의식에서 벗어나는 것 같고 잊고 있던 사명감을 떨치는 것 같기 때문이었다.

1935년 1월. 육사는 〈신조선〉에 〈1935년 노불 관계 전망〉을,

〈개벽〉에 〈위기에 임한 중국 정국의 전망〉을 각각 발표했다. 그리고 다시 3월에는 〈공인 '깽그'단 중국 청방 비사 소고〉를 〈개벽〉에 발표했다. 그간 하지 못했던 일들을 만회라도 하듯 부지런한 글쓰기였다. 발표를 하지 않았을 뿐, 육사의 노트에는 빽빽하게 정치와 시사적인 내용의 메모가 쓰여 있었고, 그의 머릿속에는 그보다 더한 온갖 원고의 씨앗들이 자라고 있었다.

육사는 본인 글만 쓴 게 아니었다. 잡지 〈신조선〉 편집에도 적극적으로 힘을 보태었고 정인보 선생이 문일평, 안재홍 선생과 진행하는 다산 정약용의 《여유당전서》 간행 작업에도 꾸준히 참여하고 있었다. 1934년 가을에는 정약용의 《여유당전서》 제1집이 드디어 세상에 빛을 보았다. 그리고 그해 가을에는 《경세유표》가 발간되었고 이듬해 봄에는 다산의 대표작 《목민심서》가 간행되었다. 실로 역사적인 순간이었는데, 여기에 자신의 힘을 보탤 수 있어서 육사는 참으로 뿌듯했다.

다산 정약용이 남긴 서책은 오백여 권으로 그야말로 어마어마했다. 그의 글을 정리하는 것은 뜻을 지닌 지식인 청년들에게 남다른 일이었다. 당시 경성은 겉으로 번듯한 도시였다. 영화관, 사진관, 카페, 술집, 다방, 댄스홀, 이발소, 백화점까지 그 어떤 근대 도시 못지않은 외관을 갖추고 있었다. 밤에는 네온사인까지 휘황찬란하게 비추어 화려한 경성 시가지를 만들어 주었다.

하지만 화려한 이면 속에 조선의 정신은 죽어 가기 시작했다.

　일제 당국은 지난해 1934년 9월, 조선 최대의 작가 단체 카프에 시비를 걸어왔다. 그들은 노동 운동 사건을 조작해서 팔십여 명이 넘는 문화계 인사들을 검거했고 1935년에는 끝내 단체를 해산시켰다. 그뿐이 아니었다. 학교에서는 조선어와 조선 역사 시간이 급격히 줄어들기 시작했다. 또한 사상이 불순한 자를 감시하고 그들의 거주와 이동을 제한하는 법률을 만들 거라는 이야기도 파다했다. 이런 분위기에서 조선 역사나 조선어를 연구하는 학자들은 위축되었고 작가들은 스스로 어떤 글을 써야 할지 고민에 빠져 있었다.

　이런 와중에 정약용 문집을 간행하는 것은 위태로운 민족 문화 운동에 활기를 불어넣을 수 있는 좋은 기회였다. 꺼져 가는 마지막 불빛이랄까. 〈신조선〉사에는 보수를 받지 않으면서 기꺼이 교열 작업에 참여하려는 젊은 청년들이 적지 않았다. 특히 역사 의식이 투철한 문학 청년들이 〈신조선〉사의 문을 두드렸고 육사는 그중 단연 돋보였다.

　1935년 봄. 육사는 여느 때와 같이 교열 작업을 위해 정인보 선생 댁으로 가고 있었다. 〈신조선〉사 편집실이 비좁아 수창동에 있는 정인보 선생 서재도 임시 작업실로 쓰이고 있었다. 목련이 어느 새 지고 철쭉이 멍울을 맺기 시작하던 때였다.

육사가 서재에 들어섰다. 그런데 전에 못 보던 사내가 한복 두루마기를 멋스럽게 걸쳐 입고 조용히 앉아 있었다. 한눈에 봐도 기품이 있었다.

"누구신지요?"

"아, 처음 뵙겠습니다. 저는 신석초입니다. 얼마 전부터 교열 작업에 참여하고 있지요."

"아, 그러십니까? 저는 이육사입니다."

"육사라면? 이원조 평론가 형님 아니십니까? 직접 평론도 쓰시죠? 동생은 문학 평론, 형님은 시사 평론. 지난번 〈신조선〉에 실린 중국 정치에 관한 글을 인상 깊게 읽었습니다."

"별말씀을요. 그런데 다들 어디 가시고 혼자 계십니까?"

"아, 모두들 산책을 나가셨어요. 날이 좋으니까요."

"네. 날이 좋습니다."

육사와 석초. 두 사람은 말없이 그저 서로의 모습을 슬쩍슬쩍 엿보고 있었다.

"글도 자주 발표하시고, 고전도 읽으시고, 육사 형께서는 참으로 부지런하십니다."

사실 석초는 육사에 대해 꽤 오래 전부터 알고 있었다. 석초가 육사의 동생 이원조와 호세이 대학을 함께 다녔기 때문이었다.

원조는 불문학을, 석초는 철학을 전공했다. 같은 나이였고 외로운 유학 생활을 하고 있었기에 두 사람은 모임에서 가끔씩 만나고는 했다. 그때 원조로부터 종종 육사의 소식을 전해 듣고는 했었다. 석초는 얼굴빛이 유리처럼 맑고 구김새 없는 육사를 보고 가슴속에 미세한 떨림이 일었다.

얼마 후 정인보 선생이 들어와 두 사람을 정식으로 소개했다. 두 사람 모두 시를 쓰니 잘 알고 지낼 것을 당부했다. 정인보 선생의 말을 따랐던 것일까. 육사와 석초, 두 사람은 급속히 가까워졌다. 석초는 일본에서 귀국 후 정인보 선생 댁을 자주 드나들었고, 육사는 석초를 만날 때마다 무슨 까닭인지 고향에 온 것처럼 마음이 푸근해졌다. 석초는 육사보다 다섯 살 아래였지만 전통에 대한 관심과 흥미는 오히려 더 높았다. 육사가 세련되고 모던하다면 석초는 선비스러운 맛이 있었다. 그런 까닭일까. 그간 정신적으로 격렬하기만 했던 육사는 석초를 만나며 조금씩 긴장이 누그러지기 시작했다.

석초는 세주와는 달랐다. 세주가 혁명 정신을 지닌 사람으로 가시밭에 스스로 길을 만들며 앞으로 치열하게 나서는 사람이라면, 석초는 앞으로 나가기보다 뒤를 돌아보며 스쳐 지나간 전통을 새롭게 되살리려는 사람이었다. 그래서 그의 글도 동양적인 멋이 흘렀다. 온갖 색채와 화려한 붓질로 새로운 세상을 그려 가는 세주와 달리, 석초는 명암 하나만으로 백지 위에 그림을 그리는 것 같았다.

육사는 잡지 〈신조선〉을 편집하며 사장을 설득해서 석초의 시, 〈비취단장〉과 〈밀도를 준다〉도 함께 실었다. 사장 권태휘는 종합 잡지로서의 격을 높였다며 몹시 반가워했다. 그 후로 육사는 자신이 아는 시인들을 석초에게 소개해 주었고, 석초의 작품을 다른 잡지나 신문에도 적극적으로 알렸다. 육사도 문학으로는 신인이나 다름없었지만 석초의 후견인을 자처하고 나섰다.

두 사람은 〈조선일보〉 기자 이병각을 자주 만났다. 그는 육사보다는 여섯 살, 석초보다는 한 살 아래였으나 생각과 뜻이 맞아 자주 어울렸다. 병각은 시를 좋아하고, 광주 학생 운동 때 옥고를 치르고, 그 외에도 민중 운동에 나섰던 이력이 육사와 퍽 닮았다.

가끔 원록의 동생 원조도 이들 무리에 합류했다. 평론가로, 〈조선일보〉 학예부장으로 눈코 뜰 새 없이 바빴지만 술 한잔 기울일 때면 어느 새 무리 속에 끼어들어와 자리를 차지하고는 했다. 이들은 이병각의 친척이 운영하는 찻집에 가서 죽치고 앉아 문학과 시대를 이야기했고 본정통에 있는 명치옥에 가서 양과자에 커피를 즐기며 허세를 부리기도 했다.

이듬해 잡지 〈신조선〉은 안타깝게도 폐간이 되고 말았다. 자금 사정을 버티지 못했던 것이다. 그해 육사에게 귓병이 도졌다. 몸이 고단할 만도 했다. 출옥 후에 줄곧 마음의 병을 앓았고 그 후로는 글쓰기와 교열 작업에 자신을 혹사했으며, 그사이 막내 동생 원홍이가 갑자기 세상을 떠난 충격마저 있었다. 귓병이 난 게 그나마 다행일 정도였다. 석초와 병각은 귓병도 치료할 겸, 육사에게 모든 걸 잊고 잠시 여행을 떠나도록 권했다. 육사는 오랜만에 대구로 내려가 부모님을 뵙고, 경주와 포항 일대를 돌아봤다.

육사에게 경주는 참으로 오묘했다. 천여 년 전 반도의 중심이었던 땅은 고즈넉하다 못해 퇴락해 보였다. 식민지 조선의 처지가 경주에 오니 더욱 애틋하게 느껴질 정도였다. 하지만 눈을 돌려 보니 경주의 풍경이 참 따뜻했다. 무엇보다 천 년을 넘게 이 땅을 지켜 온 고분들의 능선이 마치 어머니의 가슴처럼 곱게 느껴졌다. 싸우고 지치고 그러다 상처를 입어도 이곳에 있으면 고토 속에 잠든 영혼이 아픈 상처를 보듬어 줄 것 같았다.

불국사를 돌아볼 때, 육사는 문득 석초가 떠올랐다. 석가탑의 자태를 보고 있노라니 화려하지 않으면서도 정교하고, 운치가 있으면서도 요란하지 않은 게 석초의 시와 꽤 닮았다는 생각이 들었다. 아사달 아사녀의 슬픈 사연도 새삼 더 절실하게 다가왔다. 아무리 기다려도 오지 않는 아사달에 대한 아사녀의 심정이,

어쩌면 아무리 기다려도 오지 않는 조국의 자유에 대한 조선인들의 아쉬움을 표현한 것은 아니었을까 하는 생각이 들었다.

신라의 땅에서 이미 망한 나라 백제 출신의 석공 아사달이 석탑을 만들 때, 그 심정은 어떠했을까? 불국토를 실현하려고 불탑을 만드는데 헌신했지만 어떻게든 백제의 남은 숨결을 담아내고 싶었으리라. 그 어떤 조각이나 장식도 없이 표현을 절제한 건 어쩌면 망한 나라 출신으로서 자기 나라를 짓밟은 왕조를 화려하게 꾸밀 수 없었던 까닭이었을지도 모른다. 불국토를 실현하려는 의지와 백제에 대한 의리, 그 둘 사이의 팽팽한 긴장감이 균형과 절제의 숭고한 미의식으로 승화되어 석가탑을 이룬 것이리라.

육사에게는 석초의 시가 그랬다. 그의 시는 망한 조선의 아름다움을 담고 있었다. 고풍스러운 의상을 단아하게 표현하는 그의 시는 어쩌면 그것만으로 사라져 가는 조선의 취향을 복원하는 길이었고, 조선을 지키려는 숭고한 싸움이었다. 시를 쓰는 방식이 달랐음에도 육사가 석초를 가깝게 느꼈던 것은 그런 까닭이었다.

경주를 거쳐 포항의 송도에서 체류하고 있던 8월 말. 조선에는 역대 최대 태풍 3693호가 한반도를 강타했다. 이날 육사는 태풍에 직접 맞서 보려 손전등을 들고 바닷가로 뛰쳐나갔다. 거대한 운명 앞에 자신을 한번쯤 내던져 보고 싶은 젊은 객기가 발동한 까닭이었다. 하지만 전등 불빛은 겨우 발끝만 비출 뿐 주위는 온통 어둠이었다. 육사는 희미한 전등 불빛이 마치 겨우겨우 양심을 지키고 있는 위태로운 자신과 참 닮았다는 생각이 들었다. 마치 창세기의 첫날 밤처럼 온 세상이 암흑에 흔들리고 폭우가 화살같이 퍼붓던 밤이었다. 육사는 그날의 기억을 잊을 수 없었다. 얼마 후 더 심한 폭풍우가 닥쳐왔기 때문이었다.

처음에 그것은 조용한 바람으로 시작했다. 하지만 이내 세력을 형성하고, 비와 바람, 구름을 거대한 소용돌이로 만들더니 모든 것을 자기편으로 끌어들였다. 거대한 잡식성 공룡처럼 주위에 있는 것들을 모조리 집어삼켰고 통제가 불가능한 폭력에 취해 온 세상에 나뒹굴었다. 그것은 제7대 조선 총독 미나미 지로가 만들어 낸 민족 말살의 태풍이었다.

"형님! 잘 지내셨소? 날이 벌써 싸늘합니다. 경주랑 포항은 잘 다녀오셨나요?"

〈조선일보〉 기자로 일하는 후배 이병각이었다. 그는 카페 '에리사' 안으로 서둘러 들어오더니 외투에 묻은 빗방울을 털어 내며 말했다. 창문 밖으로 거센 바람 속에 가을비가 쏟아지고 있었다.

"그래. 잘 다녀왔네. 얼굴이 좀 수척해진 것 같은데. 아픈 데는 없고?"

"무슨 그런 말씀을. 전 쌩쌩합니다. 그런데 형님. 아무래도 이번 조선 총독이 독종인 모양입니다."

"그래. 미나미 지로라고 했던가? 오자마자 여운형 선생을 잡아 가뒀더군."

"그러게요. 일장기 하나 없앴다고 그 난리를……. 그게 신문사를 폐간시킬 일인가요? 그나마 민족 편에서 기사를 쓰던 〈조선중앙일보〉가 문을 닫았으니, 참 딱하게 됐어요."

"이제 제대로 된 신문을 기대하기는 틀렸군. 〈동아일보〉 현진건마저 붙잡혔으니."

"그래도 형님! 그때 손기정 선수가 참 대단하지 않았습니까? 그것도 히틀러의 독일에서 우승한 게 참 드라마틱했는데. 식민지 청년이 파시즘 국가에서 우승을 했으니 말이에요."

"아마 그 때문에 총독부가 더 발작적으로 반응했을지도 몰라. 마라톤 우승을 계기로 조선인들이 뭉칠까 봐 염려한 것이지. 건너건너 들어 보니 손기정 선수가 올림픽 내내 자신은 일본인이 아니라 조선인이라고 밝혔다더구나. 참으로 의기가 넘치는 사람이야."

"그 말이 아마 총독부 놈들한테도 들어갔겠죠. 그러니 생난리를 친 거죠. 미나미 지로라는 인간. 만만치 않아요. 또 다른 흉계도 꾸미고 있던데……."

미나미 지로. 그는 1936년 8월 5일 부임한 제7대 조선 총독이었다. 그는 일본군 관동군 총사령관 출신으로 러일 전쟁, 만주 사변에 이르기까지 침략 전쟁의 최전방에 나섰던, 두려울 게 없는 사람이었다. 그런 그에게 러시아군, 중국군보다 더 성가신 존재가 있었는데 바로 조선 독립군이었다. 미나미에게 그들은 언제 어디서 나타날지 모르는 유령 같은 존재였다. 상하이 훙커우 사건 때만 해도 만약 그 행사에 자신이 참석했더라면 자기도 목숨을 잃었을 것을 생각하니 치가 떨렸다. 상시적인 불안을 조장하는 조선인들.

그런데 총독으로 부임한지 일주일도 안 돼서 경성 유수의 신문사들이 일장기를 지워 버렸다고? 미나미 지로에게 일장기 말소 사건은 충격적이었다. 일장기가 사라진 게 문제가 아니었다. 조선인들이 손기정의 마라톤 우승에 열광하는 것이 두려웠다. 이대로라면 조선 독립군이 경성에 숨어드는 것은 일도 아닐 것이었다.

미나미는 생각했다. 조선인들을 지금 이대로 둬서는 곤란하다. 조선인들은 무식한 이들이 아니다. 일본인보다 교육열도 높아서 언제든 일본에 저항할 수 있다. 게다가 조선 글자는 일본 글자보다 배우기 쉬워서 조금만 익히면 지식을 깨치는 건 일도 아니다. 저들이 조선 역사를 배우는 것도 무서운 일이다. 조선 역사는 중국 대륙에 맞서고, 임진란을 물리친 역사가 아닌가. 을지문덕, 이순신 같은 영웅전을 버젓이 서점에서 팔고 있으니 당장 멈춰야 한다.

어차피 조선은 3·1 만세 때와는 사정이 달라졌다. 일본이 다스리던 시절에 태어난 젊은이들이 무슨 생각으로 일본에 저항하려 하겠는가. 오히려 일본인이 못 돼서 차별받는 억울함과 서러움만 쌓였겠지. 그 서러움을 풀어 주면 조선인도 일본을 돕는 데주저하지 않을 거다. 그러니 정식으로 조선인에게 황국 신민이 되는 길을 내줘야지. 내선일체. 저들에게 황국 신민의 은혜를 베푼다면 그들도 알아서 복종할 것이다. 조선에서 잘 나가는 지식인을 포섭해서 길들이면 일본 정신을 조선에 심는 건 일도 아닐 것이다.

"그래, 총독이 꾸미는 흉계라는 게 뭐냐? 기자니까 소식통이 있을 거 아냐?"

"어디 한두 가지여야 말이죠. 우선 조선말을 없앨 거라고 하더군요."

"음. 그건 나도 들었다. 나라 망할 징조구나."

"형님도 참. 나라야 진즉에 망했는걸요. 조선 역사도 못 가르치게 할 거랍니다."

"이렇게 가만히 당할 수는 없는데……."

"어쩌시려고요. 지금 분위기는 아주 험악해요. 이건 진짜 비밀인데, 며칠 뒤면 놈들이 조선 사상범 보호 관찰령을 내놓을 모양입니다."

카페에 단둘밖에 없었지만 갑자기 병각은 목소리를 낮추고 주위를 살피며 말했다.

"조선 사상범 보호 관찰령?"

"여태 안 들어 보신 거요? 그게 징역형을 받은 사상범이 형기를 마친 뒤에도 보호받는 법 아니유. 사는 곳이며, 직장이며, 여행하는 것까지 모두 당국에서 보호한다는 거 아닙니까? 보호는 무슨 놈의 얼어 죽을 보호. 편지 한 장도 살피겠다는 걸 보면 독이 바짝 오른 거죠."

"아무래도 심상치 않아."

"혹시 형님은 무슨 정보 없습니까? 형님은 중국 쪽 사람들과도 연줄이 많잖아요?"

"아무래도 일본이 뭔가 큰일을 꾸미는 것 같다. 그러니 내부 단속을 하려는 게지. 바깥에서 일을 벌이려면 안에서는 다른 소리가 새면 안 되니까."

"에이. 무슨 일이 또 있으려고요. 조선인들을 길들이려는 수작이지. 놈들이 만주까지 차지하고 상해 사변까지 일으켰는데 또 무슨 일을 꾸미겠어요?"

"아니다. 본래 제국은 팽창할수록 더 많은 식민지가 필요한 법이다. 지금처럼 세계적인 불경기에 값싼 원료도 챙기고 상품 시장도 넓히려면 놈들은 또 다른 식민지가 필요할 거야. 얼마 전에 이탈리아가 에티오피아를 침공하지 않았나?"

"형님 말을 듣고 보니 지난번 일본인 기자한테 들었던 말이 생각나네요. 독일이랑 일본이 무슨 협정**을 맺었다던데. 반코민테른 협정이라든가. 이탈리아도 곧 합류할 예정이라던데요. 혹시 그 일과 관련이 있을까요?"

"병각아, 차 잘 마셨다. 나는 다른 약속이 있어서 가 봐야겠다."

"어, 형님! 오늘 밤에 한잔 하신다고 하셨잖소? 이따가 석초 형님도 오기로 했는데 이렇게 내빼기요. 원조 형님도 편집일 마치고 이리 온다고 했는데."

병각은 떠나는 육사를 붙잡아 봤지만 그는 잠시의 머뭇거림도 없이 카페를 나갔다. 서울에 올라온 기념으로 모처럼 곡주 한잔 하려고 했는데 육사의 비밀스러운 잠행에 그만 퇴짜를 맞은 격

** 반코민테른 협정은 1936년 독일과 일본이 소련의 사회주의가 확산하는 것을 경계하고 상호 대응하기 위해 맺은 조약으로 1937년에 이탈리아가 합류했으며 훗날 3국 군사 동맹의 모태가 된다.

이었다.

"형님한테 아무 탈이 없어야 할 텐데. 조선 사상범 보호 관찰령? 딱 형님 같은 사람을 옥죄겠구만."

내가 부른 노래는 그 밤에 강 건너갔소

그해 가을. 육사는 평생을 존경했던 루쉰이 세상을 떠났다는 소식을 들었다. 막내의 죽음에 이어 가장 존경하던 사람을 잃었기에 그는 몸의 절반이 무너지는 아픔을 느꼈다.

먹으로 쓴 거짓은 결코 피로 쓴 사실을 덮을 수 없다. 피로 진 빚은 반드시 되갚아야 한다.

육사는 루쉰이 남긴 말을 떠올렸다. 글로서 혁명을 꿈꾸던 작가, 문학과 혁명이 함께 나갈 방향을 제시해 준 작가, 따뜻하게 조선인 후배 작가의 두 손을 꼭 쥐고 좋은 글을 남겨 달라고 부탁하던 작가, 루쉰. 그는 예술은 정치의 노예가 아니고, 예술이 정치의 선동이 되어서도 안 된다고 말했었다. 늘 칼날 같은 서릿발 위에서 험난한 삶을 살았던 루쉰. 육사는 가슴이 미어질듯 아팠다. 육사는 당장에라도 중국에 다녀오고 싶었다. 하지만 그럴 수 없었다. 식민 당국이 마침내 조선 사상범 보호 관찰령을 공포했기 때문이었다.

이 법에 따라 치안 유지법*을 위반한 사상범은 형기를 마치고 출소해도, 거주와 취직, 여행의 자유가 제한되었고, 다른 사람과 접촉하거나 편지를 주고받는 것도 통제되었다. 경성, 대구, 광주, 평양, 신의주, 함흥, 청주에 보호 관찰소가 세워졌고 이를 운영하는 보호사도 생겼다. 보호사는 주로 일본인이 맡았지만 조선인이 보호사가 되는 일도 적지 않았다. 이들은 평소 사상범들을 감시하다가 혹시라도 수상쩍은 일이 생기면 그 즉시 사상범을 보호 관찰소로 데려갔다. 감시가 일상화되고 말 한 마디로 처벌이 가능한 사회가 된 것이다.

당시 조선 사회는 일본의 식민 지배가 장기화되면서 일제에 대한 저항 의식이 무너져 내리고 있었다. 예전 같으면 악법에 저항하는 시위가 한 번쯤 일어날 법도 했건만 조선 사회는 아무런

● 치안 유지법은 1925년 일제가 반정부·반체제 운동을 누르기 위해 제정한 법률이다. 무정부주의·공산주의운동을 비롯한 일체의 사회 운동을 조직하거나 선전하는 자에게 중벌을 가하도록 한 법으로 식민 지배에 저항하는 민족 해방 운동을 탄압하는 데 활용되었다.

소요도 일어나지 않았다. 아무리 울창한 고목도 개미 떼가 수액을 빨아먹기 시작하면 그저 당하는 수밖에 없다. 생명이 떠난 나무가 거센 바람을 견딜 수는 없는 법, 조선은 마치 개미 떼의 공격을 받는 울창한 고목 같았다. 별거 아니라고 무시했던 친일 세력이 야금야금 조선의 정신을 앗아 가자 마침내 민족 정신 자체가 꺾이기 시작했다.

가장 먼저 지식인들 중 일부가 스스로 조선의 역사와 가치를 깎아내렸다. 그들은 옛것이 나라를 망하게 했으니 새로운 문물과 근대적인 제도를 받아들일 것을 주장했다. 그들은 말했다. 조선의 전통이 조선을 망하게 했다고. 따라서 조선을 다시 세우려면 조선이 아닌 것들로 채워야 하고, 그것은 발달한 문명을 지닌 일본을 따르는 것이 가장 현실적이라고.

〈조선일보〉, 〈동아일보〉 같은 언론사들은 윤봉길 등 독립 투쟁의 영웅들을 폭도나 흉악범으로 보도하기 시작했고, 친일 단체도 하나둘씩 대중의 눈치를 보며 생겨나고 있었다. 얍삽한 이들은 대세가 바뀌고 있는 것을 느끼기 시작했고 여론은 친일로 기울기 시작했다. 군대에 헌금을 하고, 궁성 요배를 스스로 하겠다고 나서는 조선인들. 그들은 분명히 일본인이 되기를 열망했다.

1930년대 후반 독립운동은 이미 식민지 조선인에게 심리적으로 거리가 멀었다. 3·1 운동을 할 때만 해도, 집집마다 태극기를 그렸고, 학교마다 만세 운동을 경쟁적으로 했었다. 그러나 이제 그런 운동은 없다. 만주에서 들려오는 독립운동은 딴 나라 이야기다. 간혹 가다 신문에 실리는 독립군의 행적은 그저 무섭고 불편할 따름이다. 아주 특별한 사람이나 독립운동에 나설 뿐, 일본이 지나치지만 않다면 지금이 좋다. 적응만 잘하면 식민지인으로 사는 게 나쁘지 않다.

미나미 지로는 이런 미묘한 변화를 읽어 냈다. 명분이나 계기를 준다면 조선은 분명 흔들린다. 거기에 당근까지 준다면……. 이제 사상범만 길들이면 된다. 그들만 길들이면 조선의 흔적을 지우는 건 어렵지 않다. 조선 사상범 보호 관찰령, 참으로 멋진 구상 아닌가.

조선 총독부 사무실. 미나미 지로는 부관을 불러 현안에 대해 논의 중이었다.

"부관! 사상범 보호 관찰은 잘되는 것 같고. 조선어 금지는 어떻게 됐나?"

"그렇지 않아도 보고 드리려 했습니다. 언어학자들이 일한 양어 동계론을 만들었습니다."

"일한 양어 동계론? 무슨 말이 그렇게 어려워?"

"일본어와 한국어가 같은 조상에서 나왔다는 학설로, 일주일 후에 총독부령으로 발표할 예정입니다. 언어의 내선일체죠."

"언어의 내선일체라. 그래, 좋은 발상이다. 그래도 속도는 조절해라. 당근도 꼭 쥐어 주고. 알았나? 지배는 힘으로만 하는 게 아니다. 사소한 거, 일상적인 거, 그것부터 길들여야 한다. 인민이 가장 불만인 게 뭔가? 먹고사는 게 힘든 거다. 먹고살기 힘든 순간 득달같이 달려든다. 그게 아닌 것들은 저들도 적당히 타협하는 거지. 옷 입는 거, 인사하는 거, 말하는 거, 그런 사소한 것들부터 길들이면 그 안에 있는 정신도 빼앗을 수 있다. 가장 일상적인 게 뭔가? 그건 바로 말이다. 말의 차이를 없애야 생각의 차이가 없어지지 않겠나?"

"네. 잘 알겠습니다. 서둘러 정책들을 시행하겠습니다."

"그런데, 혹시 수양 동우회라고 들어봤나?"

"네?"

"수양 동우회, 흥업 구락부, 청구 구락부 이런 단체도 모르나? 조선을 일본의 자치구로 만들려는 작자들 아닌가? 이놈들도 모조리 잡아들여야 한다."

"그들까지요? 자치론은 독립을 모의하는 것도 아니고 자기들끼리 자치하겠다는 것인데요. 이미 일본에 협력하는 자들도 적지 않고."

"바카야로 같으니. 지금 대일본 제국이 나아갈 방향을 그렇게도 모르나? 우리는 앞으로 세계 제국을 이룰 거다. 서양 제국주의에 맞서 동양이 세계를 지배할 날을 꿈꾸고 있단 말이다. 이제곧 중국을 해방하러 갈 거다. 장제스 같은 서양 제국주의의 개가 더 이상 날뛰게 둘 수는 없지. 중국을 해방시켜서 동양의 힘을 보여 줘야 한다."

미나미 지로는 교만하고 비열한 눈빛을 띠며 말을 이어 갔다.

"이렇게 중요한 때에 한가하게 자치를 들먹이는 놈들을 가만 둬야겠나. 걸리적거리는 놈들은 죄다 잡아들여야 한다. 그들이 자치를 꿈꾸는 꼬락서니를 보니, 조금만 길들이면 우리에게 바로 협조할 것이다. 그러니 좋은 먹잇감이 아닌가. 이광수라고 들어 봤나? 소설도 쓰고, 논설도 쓰는 글쟁이던데 꽤 인기가 있다지. 그자가 수양 동우회의 대표일 거다. 민족 개조론**을 주장한다고 하던데, 절반은 넘어온 게 아니겠나? 그자를 집중 공략해라."

** 1922년 〈개벽〉에 실린 이광수의 글로, 그 내용을 요약하면, 첫째로 조선인의 민족성은 근본적으로 좋은 점들이 많지만 부수적인 성격에 많은 문제점이 있다. 둘째, 따라서 이를 개조해야 한다. 셋째, 민족이 개조되어야만 제국주의자가 되든 민족주의자가 되든 사회주의자가 되든 될 수 있다. 즉, 개인의 인격적인 각성이 정치적 이데올로기보다 더 중요하다는 내용이었다.

그해 8월. 서울과 평양 등지에서 수양 회원들이 검거되었다. 모두 181명이나 되었는데 안타까운 것은 이 과정에서 무실역행과 실력 양성론을 외치며 독립운동을 이끌던 도산 안창호 선생도 체포되었다는 사실이었다. 그는 12월에 병보석으로 풀려났지만 오랜 감옥살이로 건강이 악화되어 이듬해 3월 끝내 순국하고 말았다.

일제는 수양 동우회 사건이 진행되던 때에 미나미 지로의 말대로 마침내 중국을 향해 달려들기 시작했다. 거세게 몰아치는 군국주의의 광풍이 대륙을 금방이라도 집어삼킬 것 같은 기세였다. 1937년 7월. 중일 전쟁이 터졌던 것이다.

"형님들, 이것 좀 보시오. 놈들이 전쟁을 일으키더니, 조선의 씨를 말릴 작정인가 봐요."

가을이 깊어 가던 때, 병각과 석초, 육사는 카페에 앉아 차를 마시고 있었다. 카페 에리사는 일찌감치 문을 닫아 두고 다른 손님은 일절 받지 않고 있었다. 치안 유지법으로 세 사람은 어느 때보다도 몸조심을 하고 있었다. 카페에 오는 동안 육사는 황금정부터 따라온 미행을 따돌리느라 애를 먹기도 했다. 병각은 언제나 그렇듯 호들갑을 떨며 들어와 앉더니 신문 한쪽을 빠르게 읽어 내려갔다.

하나, 우리는 황국 신민이니 충성으로써 군국에 보답하리라.

둘, 우리 황국 신민은 서로 신애 협력함으로써 단결을 굳게 하리라.

셋, 우리 황국 신민은 인고 단련, 힘을 기름으로써 황도를 선양하리라

"기가 찰 노릇이군. 황국 신민 서사라!"

"형님! 이젠 놈들이 대놓고 조선인을 일본인으로 만들 작정입니다. 그나저나 형님 같은 분이 여태 보호 관찰소에 끌려가지 않고 참 용하십니다."

"병각이! 자네는 무슨 말을 그렇게 함부로 하나. 육사 형이 잡히기라도 바라는 건가?"

"석초 형님도. 그저 육사 형님이 대단하시단 말씀인 거죠. 헤헤."

"그래도 이럴 때일수록 말이나 행동을 조심해야지."

"석초! 그냥 내버려 두세요. 병각이가 워낙에 유쾌한 친구니까. 황국 신민 서사라? 이걸 학생들에게 모두 외우게 한단 말이지?"

"형님! 그게 아니에요. 관공서, 은행, 공장, 회사 할 것 없이 아침에 조회할 때 무조건 먼저 외우고 일을 시작한답디다. 실은 우리 신문사도 애국 조회를 하거든요. 쑥스럽게도. 그런데 이거 누가 만들었는지 아세요? 일본인이 아니라 조선인이 만들었답니

다. 학무국 촉탁 이각종이랑 김대우란 놈이 일을 계획했다더군요. 친일을 밥 먹듯이 하는 놈들이에요."

"너무 흥분하지 마라. 너는 그게 탈이야."

"석초 형님은 왜 자꾸 저만 면박 줍니까? 사람 무안하게."

"그럼 어디 또 알고 있는 거 있으면 말 좀 해 보게."

"얼마 전 수양 동우회 사건 기억하시죠? 이광수랑, 주요한이랑 웬만한 이들은 모두 전향서를 쓰고 벌써 나왔답니다. 게다가 남은 기금을 모조리 국방 헌금으로 바쳤다는데 이거 너무한 거 아닌가요? 대놓고 친일을 할 작정입니다."

병각은 조선 신궁 이야기도 꺼냈다. 일제가 각 지역에 신사를 만들어 놓고 조선인들에게 억지로 참배하도록 강요할 거라는 것이었다. 그뿐 아니라 곧 조선인 이름을 일본식으로 고칠 것 같다고도 했다. 병각의 말에 육사는 화가 치밀었다. 구역질이 나올 것만 같았다.

"그나저나 시간이 벌써 이렇게 됐군. 난 이만 가네. 또 다른 약속이 있어서."

"형님은 이 시간에 어딜 또 가오? 나도 함께 갑시다."

"넌 여기 앉아서 나랑 한잔 더 하자. 형님 가는 길 괜히 방해하지 말고."

병각이 육사를 따라 나선다는 것을 석초가 겨우 주저앉혔다.

석초는 내심 육사가 걱정스러웠다. 아무리 경성 시내라지만 열한 시부터는 사람들의 발길이 뜸해지고 경찰이나 보호 관찰사의 눈매도 사나워진다. 중일 전쟁 후 통제가 더욱 치밀하게 진행되고 있었다.

석초는 육사가 뭔가 위험한 일을 하는 걸 직감했다. 겉으로 육사의 행동은 크게 달라진 게 없었다. 〈풍림〉, 〈창공〉, 〈비판〉 같은 잡지에 꾸준히 글을 발표하고 있었고 문인들과 교류도 활발했다. 조용한 성품인데도 인맥이 넓어 김광균, 오장환, 김기림, 이용악, 윤곤강처럼 활발한 활동을 이어 가던 시인들과 적잖이 어울리며 지냈다. 누가 보더라도 문필가로서의 삶, 그 자체였다.

하지만 석초는 육사가 말할 수 없는 초조와 비애를 지닌 것을 느끼고 있었다. 함께 술잔을 기울이다 갑자기 숙연해지는 육사의 눈동자를 석초는 놓치지 않았다. 무엇보다 그즈음 육사는 갑자기 사라지는 일이 부쩍 잦아졌다. 작가들과 이야기를 주고받다가도 순간에 사라지는가 하면, 허물없이 지내는 후배를 그냥 놔둔 채 불현듯 자리를 떠날 때가 많았다.

육사는 국내에 잠입한 의열단원이나 그 밖의 독립운동가들과 꾸준히 소통하고 있는 듯했다. 이를테면 얼마 전 친일파 최린에게 폭탄이 투척되었는데, 그때 육사가 경찰의 용의선상에 오른

231

것을 석초는 알고 있었다. 그 외에도 육사가 양식 있는 자산가를 찾아다닌다는 소문도 떠돌았는데, 그건 아마 독립 자금을 조달하기 위한 만남이었을 것이다.

그즈음 육사는 자신의 처지에 답답할 뿐이었다. 일본이 중국에서 끝내 전쟁을 일으켰다니. 그럼 이제 무엇을 해야 하나? 육사의 머릿속에는 세주의 얼굴이 떠올랐다. 그가 맞설 끔찍한 전쟁을 생각하니 자신도 모르게 피가 끓었다. 당장이라도 모든 일을 그만두고 세주에게 가서 일본군에게 함께 맞서고 싶었다. 난징에서 일본군이 끔찍한 일을 저질렀다는데 혹시 세주가 그곳 전장터에 있었다면 어찌되었을까? 일본군이 양민 삼십만 명을 학살했다는데 세주는 무사한 걸까? 세주가 떠오를 때마다 육사는 세주에게 건넨 비취 인장을 떠올렸다. 그것이 일본에 맞서는 위태로운 세주를 지켜 주었으면 하는 바람이었다.

육사는 자신이 마치 무너져 가는 성 안에서 탈출구를 찾지 못하는 죄수처럼 느껴졌다. 그는 당장 만주로, 펑티엔으로, 난징으로, 상하이로 떠나고 싶었다. 가서 동지들과 생사고락을 함께 나누고 싶었다. 그런데 그것이 지금 가능한가? 거리거리 보호 관찰사들이 서로 실적을 올리려고 눈을 벌겋게 뜨고 있질 않나? 어딜 가든 무슨 일을 하든 놈들이 감시할 텐데. 하지만 육사가 절망

속에서 아무것도 하지 않는 건 아니었다. 그는 독립 자금을 비밀 요원에게 건네는 일에 나섰고 각종 정보를 수집해서 중국 측 요원들에게 전달하는 일을 맡고 있었다. 그런 까닭에 모임에서 갑자기 사라질 때가 잦았었다.

육사는 몸만 바쁜 게 아니었다. 자신을 다잡기 위해 그리고 동지들을 북돋우기 위해 끊임없이 글을 썼다. 그것이 비록 스스로 원하는 만큼 널리 사람들에게 영향을 주지는 못할지라도 그의 노래는 결코 그치지 않았다.

> 섣달에도 보름께 달 밝은 밤
> 앞 냇강 쨍쨍 얼어 조이던 밤에
> 내가 부른 노래는 강 건너갔소
>
> 강 건너 하늘 끝에 사막도 닿은 곳
> 내 노래는 제비같이 날아서 갔소
>
> 못 잊을 계집애 집조차 없다기에
> 가기는 갔지만 어린 날개 지치면
> 그만 어느 모래불에 떨어져 타서 죽겠소

사막은 끝없이 푸른 하늘이 덮여
눈물 먹은 별들이 조상 오는 밤

밤은 옛일을 무지개보다 곱게 짜내나니
한 가락 여기 두고 또 한 가락 어디멘가
내가 부른 노래는 그 밤에 강 건너갔소
  - 〈강 건너간 노래〉, 이육사.

1939년 1월. 육사는 아버지의 회갑을 맞았다. 육사 형제를 늘 올곧게 이끌던 아버지. 그 아버지도 이제 천천히 황혼 속에 접어들고 있었다. 육사는 석초와 병각을 대구로 초대했다. 안타깝게도 병각은 몸이 아픈지 초대에 응하지 못했고 젊은 날 일본 유학을 함께 떠났던 이명룡이 동행하여 대구와 경주 일대를 돌아보았다.

허물어진 성터와 오랫동안 방치된 무너진 탑, 조각난 불상을 보며 육사는 가슴 한구석이 먹먹해져 왔다. 그는 또다시 낡은 성 안에 유폐된 느낌이 들었다.

"석초! 이제 우리가 뭘 할 수 있을까요? 일본이 조선 지원병 제도까지 만들어서 조선인을 자기들 전쟁에 총알받이로 쓸 작정이더군요."

"그러게요. 요즘 신문을 보면 마치 무협 소설이라도 되는 것처럼 전쟁을 흥미진진하게 꾸며서 청년들을 현혹하더군요. 참, 얼마 전에 병각이가 신문사를 그만뒀습니다."

"대놓고 친일 기사를 쓰는 게 마음에 걸렸겠죠."

"아마 국가 총동원법이 공포되고 난 뒤였을 겁니다. 바로 사표를 쓰더라고요. 병각이가 그러더군요. 전쟁은 몇몇 정치인들이 벌여 놓고 그 부담을 무고한 백성들에게 지우려 한다고. 거기에 식민지 조선과 대만을 일본의 병참 기지처럼 쓸 모양인데, 언론이 그걸 부추긴다고 하더라고요. 그래서 더 이상 버틸 수 없었답니다."

"병각이답네요. 요즘은 다들 친일을 못 해서 안달이던데."

육사는 자신도 모르게 한숨을 푹 쉬었다. 중일 전쟁이 시작된 후, 일제의 강력한 통제는 그렇다 치더라도 조선의 종교 단체, 사회 단체의 노골적인 친일 행각은 눈뜨고 보기 어려울 정도였다. 이들은 어처구니없게도 일본군을 위문하러 중국 화베이 지역에 몰려들었고 총독 미나미가 위문을 자제하라고 담화까지 발표할 지경이었다.

지식인들의 전향은 더욱 뼈아팠다. 한때 사회주의 문학 단체를 이끌던 카프 회원들은 경쟁적으로 친일에 나섰고 친일 단체인 보국 연맹***까지 조직했는데, 가입자가 무려 삼천여 명이 넘었다. 일제에 대한 충성을 경쟁이라도 하듯 자산가들은 비행기를 헌납했고, 음악인들은 친일 가곡을 작곡했으며, 작가들마저 전쟁터에 나가 위문회를 열었다. 지식인 사이에서 어느덧 친일이 대세가 되고 항일은 종적을 감춰 가고 있었다. 그나마 양심 있는 지식인들은 고향에 내려가 은거했고, 민족의 얼을 지키는 일은 더욱 고단해지고 있었다.

"육사 형! 너무 상심하지 말아요. 지난번에 형이 나한테 말했던 석가탑을 직접 눈으로 보니 정말 아름답습니다. 그리고 어쩌면 저 탑이 우리에게 길을 일러 주는 것 같습니다."

"무슨?"

"형이 그러지 않았습니까? 저 탑은 비록 신라의 탑이지만 망한 나라 백제의 숨결이 담겨 있다고. 또 백제, 신라를 떠나 누구나 감동할 만한 보편적인 아름다움이 스며 있다고."

"그랬었죠."

"육사 형! 그럼 우리도 아사달이 되어서 또 다른 탑을 쌓으면 되지 않겠습니까? 아직은 그래도 조선어를 쓸 수 있잖습니까?

●●● 일제 강점기인 1938년 좌우익 전향자들이 중심이 돼 조직한 친일 단체로 한때 카프를 이끌던 박영희 등이 주축이 되어 결성되었다.

잡지도 발행할 수 있고요. 돌을 주무르는 대신 언어를 주물러서 탑을 쌓아 보시죠. 마침 얼마 전에 후배들이 좋은 제안을 해 왔습니다."

"지금 같은 때에 조선어 잡지를 발행하는 게 가능할까요?"

"육사 형! 어쩌면 지금이 마지막 기회입니다. 좀 더 시간이 흐르면 아예 이런 기회조차 빼앗길 수 있어요. 지금은 공식적인 문서에만 제약이 있지만, 시간이 흐르면 조선어 자체를 금지할지도 모릅니다. 육사 형이 힘을 좀 내어 주시죠! 제가 듣기로 상허 이태준 선생이 새로 잡지를 만든다고 합니다. 그분이 비록 겉으로는 일본에 머리를 숙이는 것 같지만 어떻게든 우리글과 문화를 지켜보려고 안간힘을 쓰고 있더군요. 저희도 힘을 보태야 하지 않겠습니까? 얼마 전 몇몇 친구들이 마지막으로 잡지를 해 볼 생각이 없느냐고 묻더군요. 육사 형은 다른 일로 바쁘시니 그저 좋은 작품을 써서 주시면 큰 도움이 될 겁니다."

"그런 생각들을 하다니. 정말 고맙소. 석초는 정말 좋은 벗이오."

1939년 2월. 이태준이 주간하는 종합 문예 잡지 〈문장〉이 선을 보였다. 공식 문서에서 조선어는 금지됐지만 잡지와 신문에는 아직 조선어를 쓸 수가 있었다. 얼마 후, 시 전문지 〈시학〉도

창간되었다.

조선어는 사라져 가고, 친일파는 득세하고, 일제의 야만적 정책이 펼쳐지는 이 시점에, 〈문장〉과 〈시학〉의 창간은 마지막 남은 민족의 자존심이었다. 비록 두 잡지의 생명은 길지 못했지만 민족어를 지키는 마지막 파수꾼이 되어 주었다.

육사는 이 두 잡지에 자신이 할 수 있는 모든 것을 해야겠다고 마음먹었다. 그는 눈을 감았다. 그리고 지난날을 떠올렸다. 도쿄 골목을 누비며 불령선인을 자처했던 아나키스트 동지들, 대구 은행에 폭탄을 투척하고 조선 총독에게 협박 편지를 썼던 장진홍 선생, 첫 중국행을 주선해 준 이정기 형 그리고 상하이 시절 루쉰 선생과 《여유당전서》를 펴낸 수창동의 정인보 선생까지. 무엇보다도 서대문 형무소에 갇혔을 때, 거적때기에 덮여 수레에 실려 가던 이름 모를 혁명가들. 그들은 무슨 꿈들을 꾸었기에 목숨마저 거침없이 내놓았던 것일까.

억압받지 않는 것, 자유를 누리는 것, 고통받지 않는 것, 가족과 이웃과 어울리며 건강하게 사는 것, 떳떳한 것, 당당한 것, 식민지인이 아닌 것, 차별이 없는 것, 자존심을 지키는 것, 꿈꿀 자유를 누리는 것. 어느덧 그들의 꿈은 한 알 한 알이 이어지고 커다란 넝쿨이 되어 육사의 머릿속을 온통 휘감았다.

한순간 지난번 포항 송도를 여행할 때, 잠시 들렀던 포도원이 떠올랐다. 알 굵은 포도송이들이 익어 가던 게 눈앞에 선했다. 언젠가 동지들이 찾아오면 두 손을 적시며 함께 먹으면 좋을 것 같던 탐스러운 포도송이들. 그 굵은 포도 한 알 한 알이 옛 동지들의 꿈과 묘하게 겹쳐 보인다. 그것들은 아직 익지 않은 채 그저 싱그럽고 푸른 것만 같다. 하지만 당장 익지 않아도 좋다. 언젠가 꿈들이 잘 영글어 그것들을 은쟁반에 담아 두 손 함뿍 적시며 함께 누릴 수 있다면 그뿐.

내 고장 칠월은
청포도가 익어 가는 시절

이 마을 전설이 주절이주절이 열리고
먼데 하늘이 꿈꾸려 알알이 들어와 박혀

하늘 밑 푸른 바다가 가슴을 열고
흰 돛 단 배가 곱게 밀려서 오면

내가 바라는 손님은 고달픈 몸으로
청포(靑袍)를 입고 찾아온다고 했으니

내 그를 맞아 이 포도를 따 먹으면

두 손은 함뿍 적셔도 좋으련

아이야 우리 식탁엔 은쟁반에

하이얀 모시 수건을 마련해 두렴

— 〈청포도〉, 이육사.

겨울은 강철로 된 무지개

"병각아, 너 왜 이렇게 안색이 안 좋아? 정말 괜찮은 거냐?"

석초는 뒤늦게 들어오는 병각을 보며 걱정스러운 듯이 말했다. 병각은 혈색이 하얗고 예전보다 더 기침이 잦아진 것처럼 보였다.

"그러게. 병각이 너 신문사도 그만뒀다면서 어떻게 지내고 있는 거냐?"

육사도 살이 쑥 빠져 버린 병각이가 아무래도 걱정이 되었다.

"그놈의 신문사. 이제 일 없어요. 굶으면 굶었지 그따위 기사를 어떻게 씁니까?"

"우리 중에 너만이라도 편히 살았으면 좋으련만."

육사는 병각을 안타까운 듯이 바라봤다.

"형님! 요즘 형수님과 잘 지내신다고 들었는데. 어서 들어가셔야 하는 거 아뇨?"

병각이 능청을 떨며 화제를 돌렸다. 이즈음 육사는 종암동으로 이사를 했다. 그렇게 내치려 했던 아내도 함께였다. 처남이 자수했던 일도 벌써 4, 5년이 흘렀고 육사의 분노도 세월 따라 누그러지니 자연스럽게 아내가 안쓰러워 함께 살고 있었다.

"그런데 형님들도 초대장은 다들 받았죠?"

"조선 문인 협회 말하는 거구나."

"형님 말대로 나라 망할 징조예요. 좀 전에 제가 부민관에 잠깐 들러 봤는데, 저는 그렇게 작가들이 많이 모인 걸 조선 땅에서 처음 봤지 뭐유."

1939년 10월 29일. 이날 경성의 부민관에는 작가들이 하나둘씩 모여들었다. 육사와 석초, 병각에게도 이날 행사에 꼭 참석하라는 초대장이 와 있었다. 이백오십여 명이 넘는 작가들이 인근 각지에서 모여 들었다. 사회주의 작가 단체인 카프를 이끌던 박영희, 〈문장〉의 주간인 이태준도 눈에 띄었다. 그는 어딘지 초조하고 불편한 기색이 역력했다. 김동인, 김동환, 김기림, 정인섭, 유진오, 최재서, 임화에 이르기까지 조선에서 내로라하는 작가들 대부분이 참석했다.

"그래. 거기서 뭣들 하겠다는 거냐?"

"조선 문인 협회를 만든다고 하지 않우? 초대장에 그렇게 쓰여 있잖았소. 아, 여기 있었네. 기가 찰 노릇이지만 한번 읽어 볼 게요. '이번 협회의 창립은 새로운 국민 문학의 건설과 내선일체의 구현에 있다. 인류는 유사 이래 국민 생활을 떠나 생활한 일이 없고 문학도 국민 생활을 떠나서 존재할 수 없다. 반도 문단의 새로운 건설은 내선일체로부터 출발하여야 한다.' 이거 대놓고 친일하자는 거 아닙니까? 부끄럽지도 않나?"

"육사 형! 이태준이랑 정지용 같은 이들도 끼어 있는 걸 보면 어쩔 수 없이 참석한 사람도 있는 것 같습니다."

"그래요. 〈문장〉지를 계속 발간하려면 일본에 협조하는 태도를 보일 필요가 있을 테죠."

"에이 형님. 아무리 그래도 그렇지 친일을 대놓고 하는 자리에 작가들이 발 벗고 나섰으니 이제 어디 가서 글 쓴다는 말도 못하겠수."

"너무 흥분하지 마라. 본래 권력이 가장 먼저 이용하려고 드는 게 작가들이다. 작가들이 인간의 정신에 가장 많은 영향을 주는 사람이니까. 그들을 잘 길들이면 체제를 선전하는 데에 유리하잖니? 그래서 가장 먼저 당하고 가장 지독하게 당하는 법이다."

"이제 좀 기다려 보슈. 아마 〈동아일보〉랑 〈조선일보〉도 곧 폐간될 거유. 〈문장〉도 얼마나 버틸지 모르겠고. 이렇게 힘없이 길들여 주니 일본이 마음대로 하는 거 아니유."

"그나저나 독일이 폴란드를 침공했다는데 그게 사실이냐?"

"육사 형님 소식은 참 빨라요. 신문사 기자들도 잘 모르는 일을 어찌 그렇게 알아요? 형님 말대로 독일이 폴란드를 침공했답니다. 프랑스랑 영국이 선전 포고 했고요. 히틀러가 유럽을 집어삼킬 모양이더군요. 아시아에서는 일본이 중국과 다투고, 유럽에서는 독일이 그렇고, 이쯤 되면 이거 세계 대전 아니유?"

"정말 난리구나. 석초! 어쩔 작정이오? 곧 일본에 적극 협조하라는 협박이 올 텐데."

"저는 고향 부여로 내려가려고요. 이런 시국에 경성에 계속 머물다가는 나도 모르게 역사에 죄를 짓는 일을 할 수도 있으니까요."

"잘 생각했소. 부여로 내려가도 작품은 계속 쓸 수 있을 테니. 병각아! 너는 몸부터 챙겨야겠다. 병원은 다녀온 거냐?"

"형님두. 내가 누구요. 그냥 감기 따위가 지나가는 거요. 뭐 대수라고."

육사는 마음이 답답했다. 양심 있는 작가들마저 이렇게 무너지고 말다니. 육사는 전쟁이 한창인 중국으로 건너가지 못한

244

것을 후회했다. 차라리 그곳에서 총칼을 들고 일제에 맞서는 게 낫겠다는 생각이 불쑥불쑥 들었다. 조선에는 이제 서 있을 곳이 많지 않았다. 시간이 흐를수록 설 자리가 좁아졌다. 신문과 잡지는 일본어로 가득했으며 거리거리마다 일본 가요가 흘러나오고 길거리는 일본군을 찬양하는 글귀들로 도배되고 있었다. 이곳이 경성인지, 도쿄인지 헷갈릴 정도였다.

사방에 전쟁의 기운이 몰아치는데 아이러니하게도 경성의 밤은 화려했다. 백화점, 다방, 주점, 댄스홀에는 밤을 즐기고 소비하려는 이들로 북적였고 술기운에 가득 찬 사람들이 골목골목을 누비며 밤이 주는 향락에서 헤어나질 못했다. 미나미 지로가 짜놓은 판에 조선이 갇혀 버리고 만 것이었다.

육사는 자꾸만 타락한 현실에서 쫓겨나 더 멀고 더 높은 곳으로 휩쓸려 가는 것처럼 느껴졌다. 더 이상 물러설 수 없는 지경에까지 이르는 것만 같았다. 하지만 꿈을 놓칠 수는 없다. 쫓기고 쫓겨서 하늘 끝 무지개 다리에 이르면 현실을 초극하는 또 다른 힘이 분명 존재하고 있을 것이다.

　　매운 계절의 채찍에 갈겨
　　마침내 북방으로 휩쓸려 오다

하늘도 그만 지쳐 끝난 고원

서릿발 칼날진 그 위에 서다

어데다 무릎을 꿇어야 하나?

한발 제겨 디딜 곳조차 없다

이러매 눈감아 생각해 볼밖에

겨울은 강철로 된 무지갠가 보다

- 〈절정〉, 이육사.

　　그해 11월 창씨 개명령이 공포되었다. 일제는 조선의 성씨를
일본의 성씨로 바꾸라는 명령을 내렸다. 그리고 이듬해 개명령에
따라 조선인들이 일본식으로 이름을 바꾸기 시작했다. 가장 먼저
이름을 바꾼 자 중에는 조선 문인 협회 회장으로 추대된 이광수
가 단연 돋보였다. 그의 일본식 이름은 가야마 미쓰로. 향산광랑
(香山光郎)이었다. 이광수는 〈매일신문〉에 자신이 창씨한 내력을
자랑스럽게 밝히기까지 했다. 그의 이름은 천황의 신민이라는 뜻
이었다. 2600년 전 일본 천황이 즉위한 향구산(香久山)을 기념하
려고 자신의 성을 향산(香山)이라 했으니 자신은 천황의 신민이며
자신의 자손도 천황의 신민으로 살 것이라는 것이었다.

육사는 신문에 실려 있는 이광수의 기사를 보며 이를 갈지 않을 수 없었다. 조선 문인 협회. 좋다. 일제의 강압에 못 이겨 어쩔 수 없이 만들었다 치자. 창씨개명? 백번 양보해서 어쩔 수 없었다고 하자. 그러면 이제 그만 입을 다물고 조용히 자숙하며 지내야 할 일이 아닌가. 그렇지 않다면 다른 이들처럼 낙향을 하거나 병을 핑계대면 될 일을. 도대체 이광수는 무슨 까닭으로 이렇게 적극적으로 일제에 협력한단 말인가. 육사는 〈절정〉의 한 구절을 되뇌었다. '그래, 겨울은 강철로 된 무지개일 거다.' 당신들이 아무리 얼어붙은 겨울로 우리를 끌고 간들, 그 안에는 여전히 무지개가 존재하고 있다. 그러니 어디 한번 꽁꽁 얼려 보고, 어디 한 번 시퍼런 칼끝으로 겨눠 봐라. 칼날 위를 스치는 무지개가 사라지는 지를.

육사는 요즘 부쩍 세주 생각이 났다. 가끔씩 비밀리에 의열단원을 만날 때마다 세주 소식을 물었지만 그가 민족 혁명당을 이끌고 조선 의용대에서 중요한 역할을 한다는 소식을 듣는 게 전부였다. 세주는 위험한 길을 마다할 사람이 아니었다. 조선 의용대를 이끌며 일본군과 맞서는 최전선으로 이동했을 것이다. 칼날 위를 스치는 무지개 같은 희망. 세주는 바로 그런 사람이었다. 육사는 세주와 함께하지 못하는 자신이 한스러웠다.

육사는 세주의 말이 떠올랐다. 세주는 항상 육사에게 글을 쓰는 좋은 재주를 지녔던 걸 부러워했다. 그와의 마지막 날에도 세주는 육사에게 좋은 글을 쓰라고 당부하지 않았던가. 이제 조선어를 써서 작품을 발표할 날도 얼마 남지 않았다. 일본은 곧 〈조선일보〉와 〈동아일보〉도 폐간할 것처럼 보였다. 잡지도 얼마를 견딜 지 알 수가 없다. 이럴 때일수록 마음을 다잡고 글을 남겨야 한다. 부지런히 글을 써서 희망의 불꽃이 살아 있음을 알려야 한다.

육사는 세주가 곁에 있다면 어떤 시를 써 보일까 생각하며 커다란 나무를 떠올렸다. 푸른 하늘에 닿을 것처럼 우뚝 솟아 있는 나무. 그것은 곧 세주의 삶이었다. 뉘우침 없이 앞을 헤쳐 나가며 어떤 위협과 회유에도 흔들림 없는 올곧은 교목.

　　푸른 하늘에 닿을 듯이
　　세월에 불타고 우뚝 남아 서서
　　차라리 봄도 꽃피진 말어라

　　낡은 거미집 휘두르고
　　끝없는 꿈길에 혼자 설레이는
　　마음은 아예 뉘우침 아니리

검은 그림자 쓸쓸하면

마침내 호수 속 깊이 거꾸려려

차마 바람도 흔들진 못해라.

··· SS에게 ···

- 〈교목〉, 이육사.

육사는 부지런히 글을 썼다. 그 어느 때보다 많은 작품들이 1939년부터 41년 사이에 터져 나왔다. 영화 평론, 수필, 번역, 서평, 평론 등 시뿐만 아니라 떠오르는 게 있으면 전부 글로 옮겨 적었다. 마치 내일이 없는 사람인 것처럼 글에 몰두하고 또 몰두했다. 그뿐이 아니었다. 비록 전쟁터에 나가 총칼을 들지는 못하더라도 부지런히 동지들을 만나 의견을 나누고, 작전을 세우는 일에 동참했다. 신분증도 여러 개 만들어 불심 검문을 피해 국내 자금을 모아 비밀 단원들에게 전달하는 일도 마다하지 않았다. 강철로 된 무지개가 더욱 단단해지고 있었다. 그런 까닭에 한곳에 정착하지 못한 채 여전히 마산으로, 삼랑진으로, 대구로, 다시 서울로 움직였다.

육사의 비밀스러운 행적은 아내마저 눈치채지 못할 정도였다. 이즈음 육사는 겉으로는 독립을 향한 운동에 전력을 다하면서도 안으로는 진심으로 아내를 아꼈다. 그동안 냉대를 해

온 것에 대한 죄책감과 미안함을 씻기라도 하듯 더 애틋한 마음으로 아내를 대했다. 그렇지만 아내에게 자신이 무슨 일을 하는지, 어디를 다녀오는지 행선지조차 밝히지 않았다. 아내 역시 말없이 묵묵히 자리를 지켜 줄 뿐이었다.

1940년 8월. 일본은 〈조선일보〉와 〈동아일보〉를 폐간시켰다. 이미 두 신문은 민족 신문으로서의 수명이 다한 상태여서 육사에게는 놀라운 일도 아니었다. 〈조선일보〉는 육사에게 애틋했다. 자신이 한때 몸담았던 직장이었고, 원조와 원창도 〈조선일보〉에서 근무하고 있었으니 인연이 깊지 않을 수 없었다. 이상재, 조만식 선생이 사장이던 시절 〈조선일보〉는 민족을 위한 기사를 쏟아 냈었다. 하지만 사주가 바뀌고 많은 것이 달라졌다. 펜 끝은 무뎌졌으며 식민 당국의 입장을 대변하거나 옹호하는 기사들이 넘쳐나기 시작했다. 이병각이 신문사를 그만둔 까닭도 이런 이유가 컸다.

비슷한 시기에 국외에서는 독일, 이탈리아, 일본이 군사 동맹을 맺었다. 그들은 이미 세계를 전쟁의 소용돌이 속으로 떠밀었고, 침략의 야욕을 갈수록 노골적으로 드러냈다. 그럴 때마다 조선은 더 많은 물자와 자원, 인력이 빠져나갔다. 육사는 한 발 제겨디딜 곳조차 없는 곳으로 자꾸만 휩쓸려 오는 것만 같았다. 그럴수록 육사의 정신은 더 단단하고 견고해졌다. 앞으로 얼마나 더 조선어로 글을 쓸 수 있을지 모른다. 거센 바람에 휩쓸려 올 때마다 다시 되뇌어야 한다. '겨울은 강철로 된 무지개'라는 것을.

육사는 어려운 시기를 온전히 글쓰기에 몰두하며 보냈다. 수필 〈청란몽〉, 〈은하수〉, 〈현주·냉광: 나의 대용품〉, 〈연인기〉를 잇달아 발표했고 〈중국 문학 50년사〉를 두 번에 걸쳐 번역하기도 했다. 그렇게 시간이 흘러 1941년 3월, 딸이 태어났다. 육사는 온갖 감정이 뒤섞였다. 어려운 시절에 세상 밖으로 나와 준 아이가 한편으로는 기특하고, 또 다른 한편으로 아이가 겪을 어려움을 생각하니 이내 안쓰러운 마음도 들었다.

아이의 이름은 기름질 옥(沃)에, 아닐 비(非)라고 지었다. '기름지지 않는다.' 어쩌면 모질게 들릴 수도 있는 이 이름은 인도의 간디를 떠올리며 지었다. 영국으로부터 인도의 독립을 꾸준히 요구했던 간디. 그는 식민 지배를 벗어나기 위해서는 무엇보다 남에게 의존하지 않아야 한다고 주장했다. 그것은 사치하지 않는 삶이면 얼마든지 가능한 일이었다. 먹고 입고 최소한의 생활을 할 정도는 누구든 자신의 노동으로 해결할 수 있다. 사치하지 않는 삶이 간디에게는 자립이자 독립이었고, 정신의 자유였다. 옥비(沃非)! 사치하지 않는 삶이자, 남에게 의존하지 않는 삶, 무엇보다 독립을 향한 삶! 그것을 육사는 딸에게 전하고 싶었다.

그러던 어느 날부터 육사는 잦은 기침에 시달렸다.

"어디 안 좋은 거 아니에요?"

아내는 육사가 걱정이 되어 물었다.

"그저 답답해서 한숨 쉰 것이니 신경 쓰지 말구려. 커억, 컥, 컥⋯⋯."

육사는 또다시 일어서다 말고 갑자기 힘없이 주저앉아 컥컥거리기 시작했다.

"왜 그래요? 옥비 아버지!"

"아, 아무것도 아니오."

"아무것도 아니긴요. 얼굴이 하얗게 변했는데요. 아무래도 병원에 가야 할 것 같아요."

육사는 일어서서 밖으로 뛰쳐나왔다. 하지만 또다시 도지는 기침을 멈출 수가 없었다.

혹시 병각이한테 폐병이라도 옮은 건가? 감기 따위에 흔들리지 않는다며 호언장담하던 이병각. 그는 자신도 모르는 사이 후두 결핵을 앓고 있었다. 부부가 함께 감염되어 딱히 돌봐 줄 사람도 없었는데, 그때 육사가 이병각을 찾아 간호에 나섰었다. 주위에서 만류했지만 육사는 듣지 않았다. 이웃과 동료를 외면하는 건 용납할 수 없는 일이었다. 그 때문이었을까. 조심한다고 했는데 혹시 폐병이라도 옮은 걸까? 육사는 겁이 덜컥 났다. 자신이 아니라 아내와 아이에게 병이 옮을까 두려웠다. 그날 바로 육사는 경주에 있는 신인사의 조그만 암자로 요양을 떠났다. 어쩐지 경주에 있노라면 고토의 영혼들이 자신을 정화시켜 줄 것만 같았다.

심신이 조금씩 회복되던 날. 갑자기 원기 형님에게 연락이 왔다. 아버지께서 위독하시다는 전갈이었다. 아버지는 오래 버티지 못하셨다. 아들들을 뒷바라지하고 타협하지 않는 삶을 사셨던 분. 일본이 지배하는 세상이라며 스스로 출세의 기회를 저버린 채 평생을 은거하던 선비. 아버지는 그렇게 세상과 이별했다.

그해 육사는 연이은 아픔을 치렀다. 아버지의 상을 치르고 얼마 안 되었을 때였다. 육사는 경주에 머물며 베를레느, 예이츠의 시를 번역하던 중이었다. 상을 치른 지 얼마 안 되어 몸과 마음이 연약해진 탓인지 육사는 그만 쓰러지고 말았다.

열이 40도를 오르내렸고 서울로 올라와 결국 폐병 판정을 받아 성모 병원에 입원했다. 그런데 그곳에는 이미 중증 후두 결핵으로 먼저 와 있던 친구가 있었다.

바로 이병각이었다.

"형님도 정말 이러기요? 따라올 데가 없어서 병원까지 쫓아오고."

병각은 병실을 찾아간 육사를 보며 눈을 흘기더니 능청스레 웃으며 말했다. 그의 얼굴은 이미 핏기 하나 남아 있지 않았고, 벽을 기대고 앉은 몸은 금방이라도 넘어질 듯 위태로워 보였다. 결국 그해를 넘기지 못한 채 절친하던 후배 이병각은 세상을 떠나고 말았다.

항상 앓는 나의 숨결이 오늘은

병각이 떠난 후에도 육사는 한동안 폐병으로 병원에 머물렀다. 고향에 은거하던 석초가 병문안을 하러 성모 병원에 찾아왔다.

"병각이 장례는 조용히 치렀습니다. 어쩌면 이곳보다 더 나은 곳에 갔을 겁니다. 너무 가슴 아파하지 마세요. 육사 형, 음식은 잘 드십니까? 폐병은 영양이 중요하다던데."

"잘 먹고 있어요. 아내가 잘 챙겨 줍니다. 병각이 그 친구가 그렇게 가서 너무 속상하군요. 그런데 일본이 미국을 공격했다고요?"

석초가 육사에게 문병 오기 일주일 전, 1941년 12월 7일. 일본은 중일 전쟁을 저지른 것으로 모자라 하와이 진주만을 기습하여 미국을 전쟁으로 끌어들였다. 그들의 군국주의는 거칠 것이 없었다. 마치 거대한 전쟁 기계라도 된 듯 걸핏하면 세계 곳곳에 전쟁을 일으켰다.

"일본이 도대체 어디까지 나아갈까요?"

"차라리 잘된 건지도 모릅니다. 일본도 이제 갈 데까지 갔으니까요. 중국, 인도차이나 반도, 미국까지. 일본이 전쟁을 치르는 나라가 대체 몇입니까? 지금 당장에는 저들의 미친 기세 때문에 잘 나가는 것 같지만 그들이 상대하는 나라가 어디 만만한가요? 조선은 정치가 분열되어 얼떨결에 나라를 잃었고, 중국도 국민당과 공산당이 쪼개져 일본에 당하고 있지만 미국은 정치가 안정되고 산업이 발전한 나랍니다. 당장 기습을 받아 그렇지 곧 반격하겠지요."

"육사 형이 그리 생각하니 다행이네요. 전 형께서 사정이 나빠졌다고 걱정할까 염려했죠."

"걱정이죠. 걱정하고 말고요. 언젠가 일본은 분명히 망할 겁니다. 그 많은 전선에 들어갈 물자와 인력을 어디서 구하겠어요. 점점 바닥이 나면 견디지 못하겠죠. 하지만, 그때까지 자기들한테 모자란 물자를 어디서 채울까요? 아마 조선만 한 데가 없을 겁니다. 며칠 전 들었는데 놈들이 비행기 연료가 모자란다고 소나무 송진까지 쥐어짜서 약탈한다고 하더군요. 일본이 망해 가는 중에 조선은 얼마나 더 약탈을 당할지 그것이 분하고 치가 떨립니다."

육사의 말대로 식민 당국은 조선을 부족한 물자를 생산하고 보급하며 인력을 충원하는 병참 기지로 활용했다. 공장은 쉴 새 없이 돌아갔고, 농산물은 농사꾼이 만져 보지도 못한 채 부산, 군산, 목포 등 항구로 실려 나갔다. 물자만 착취당하는 게 아니었다. 국민 징용령이 발효되어 노동자들은 햇볕이 내리쬐는 남양 군도와 수십 미터 지하의 사할린 탄광으로 끌려갔고 여자들은 종군 위안부로 붙들려 일본군 성노예로 전락하는 아픔을 겪고 있었다.

"윤치호랑 최린이 무슨 단체를 만들었다던데……."

"조선 임전 보국단 말씀이시죠? 이광수, 김동환, 주요한처럼 유명 작가들까지 나서서 젊은 청년들한테 일본에 협력하는 길이 아시아의 자존심을 지키는 일이라고 연설한다더군요."

"한때 민족을 생각한다는 사람들이 이제 와서……. 중국도 사정이 안 좋답니다. 장제스가 일본에 일방적으로 밀린다고 하더군요. 중국군이 패전을 거듭한다고."

육사는 씁쓸했다. 스스로 과학과 이성이 발달했다고 자부하던 독일, 일본, 이탈리아가 하루가 멀다 하고 전쟁을 확산시키는 게 안타까웠다. 물론 그들 나라만 문제는 아니었다. 민주주의가 발달하고 경제적인 성공을 거둔 서구의 여러 나라도 약소국을 식민지로 만들어 지배해 왔으니 전쟁을 일으킨 나라들과 별반 다르지 않았다. 단지 그들이 아시아와 아프리카에 식민지를 먼저 차지한 것일 뿐. 이제는 모자란 먹잇감을 두고 빼앗으려는 자와 뺏기지 않으려는 자가 서로 할퀴는 야만에 이른 것이 아닌가.

그렇다면 인간 역사의 끝은 야만이었던가? 어쩌면 인류는 역사의 시작부터 그 방향이 꼬인 것일 수 있다. 불행한 세계 전쟁. 이것을 멈추기 위한 방법이 있을까. 차라리 모든 것을 깨끗이 지우고 새롭게 시작하는 게 낫지 않나? 텅 빈 광활한 대지에 역사를 새로 쓰거나 그게 아니라면 야만을 넘어서는 초인이 와서 또 다른 세계를 이 땅에 펼친다면 어떨까? 아나키즘이 내세운 것처럼 거대 권력이 소멸한 세상, 그런 세상이 온다면 지배와 피지배 따위의 관계는 사라질 텐데.

해가 바뀌고 육사는 퇴원했다. 어차피 병원에 있어도 약을 복용하는 것 외에 특별한 게 없어서 공기 좋은 곳으로 요양을 떠나는 게 더 나을 것 같았다. 육사를 아끼던 사람들도 병원보다 요양을 하는 게 낫지 않겠느냐는 충고를 해 줬다.

그해 6월 아버지가 돌아가신 지 1년이 되어 소상을 치를 때였다. 어머니의 기력이 몹시 쇠약해서 형제들 모두 간소하게 아버지의 소상을 치렀다. 그런데 소상을 치른 지 3일만에 어머니께서 세상을 떠나셨다. 전혀 생각지 못했던 일이었다.

육사의 슬픔은 이루 말할 수 없이 컸다. 육사 형제가 세상 그 어떤 형제보다 우애가 좋았던 것은 어머니 허길 여사의 덕이 컸다. 또 형제들 모두가 올곧게 자란 것도 어머니와 외가의 무서운 규모가 있었기에 가능했다. 의병장 허위의 집안에서 태어나 독립운동가 허규와 허발의 친형제였던 어머니는 늘 좋은 것보다 옳은 것을 택하던 분이었다. 그런 어머니가 돌아가시니 육사는 정신이 뿌리째 뽑히는 것처럼 괴로웠다.

어머니의 상을 치르고 육사는 경주로 내려가 옥룡암에서 요양을 시작했다. 육사는 아버지, 어머니를 차례로 잃고 자신이 마치 버림받은 사람처럼 느껴졌다. 차라리 머리를 깎고 불도를 닦는 게 낫겠다는 생각마저 들었다. 그러면서 몇 년 사이에 자신에게 일어났던 일들을 되새겼다.

막내 원홍이가 급사하고, 존경하던 루쉰 선생이 떠나고, 절친했던 후배 병각과 사랑하는 아버님, 어머님이 연이어 돌아가셨다. 죽음으로 떠나간 사람만 문제가 아니다. 이광수, 박영희, 김기림, 최린, 윤치호 등 육사는 정신이 죽은 자들도 떠올렸다. 죽음이 도처에 있었고 언젠가 그 죽음의 기운이 또다시 누군가의 희생을 부를까 두려웠다.

눈을 감으면 치열한 전쟁터. 세주는 그곳에서 조선 의용대를 이끌고 있다. 형형한 눈빛에 기관총을 둘러멘 세주가 보인다. 그를 따르는 수십 인의 결사 항전의 조선 의용 대원들. 일본군에게 여러 차례 기습을 가하며 연일 승승장구하는 세주. 일본은 세주와 그의 부대를 잡으려고 수십만의 군대를 화베이 지역에 집결시킨다. 쫓기면서 저항하고, 후퇴하며 기습하는 세주. 그는 압박해 오는 일본군을 피해 험준한 산악 지대로 들어간다.

타이항산. 천혜의 요충지다. 하지만 그곳은 이미 일본군 사십만 명이 산 전체를 빙 둘러 에워쌌다. 한밤. 콩을 볶는 듯 총알 세례가 쏟아진다. 기관총과 박격포 소리. 거기에 전투기까지 나서서 공중 폭격이 진행된다. 세주는 의용대를 분리시킨다. 이대로라면 전멸을 당할 게 분명하다. 세주는 한 무리를 이끌고 적에게 맞선다. 다른 무리는 세주가 맞설 동안 퇴로를 확보하여 후퇴한다. 세주는 달려드는 일본군에게 기관총 세례를 퍼붓는다. 기습을 당한 일본군. 그들이 세주의 부대를 발견한다. 박격포와 기관총을 쉴 사이 없이 퍼붓는다. 쓰러지는 부대원들. 안 돼! 안 돼! 세주의 고함 소리가 들린다. 후퇴하라! 후퇴하라! 세주의 다급한 목소리. 아악! 악! 세주 쓰러진다. 박격포에 허벅다리가 뚫리고 그는 그만 그 자리에 주저앉는다. ♦

♦   윤세주는 1942년 5월 일본군의 타이항산 소탕 작전에서 치명상을 입고, 그해 6월 3일 하북성 섭현 편성진 지경의 화옥산에서 순국하였다.

육사는 눈을 번쩍 떴다. 그럴 리 없다. 세주가 쓰러질 리 없지. 그는 늘 가시밭에 길을 만들던 사람이 아니던가. 분명히 빠져나갔을 거다. 일본의 포위망을 뚫고 그들을 따돌리며 유유히 미소 짓는 세주. 그는 언젠가 흰 돛단배에 청포를 입고 올 거다. 그가 오기만 하면 하이얀 은쟁반에 포도를 가득 담아 두 손을 흠뻑 적시며 따 먹어야지.

육사는 땀이 범벅인 채 숨을 헐떡였다. 한여름 더위 탓인지 새벽이어도 꿉꿉한 기운이 기분을 상하게 했다. 육사는 문을 열고 밖을 내다보았다. 동이 터오려는지 나무들의 색깔이 옅은 회색 빛을 띠기 시작했다.

'그렇다. 지금 당장은 아니더라도 언젠가 빛깔이 환하게 바뀔 날이 오겠지.'

고요하고 차분한 아침을 깬 것은 느닷없는 전보 탓이었다. 아침부터 우편 배달부가 숨이 턱에 찰 듯 가쁜 숨을 몰아쉬며 육사를 불러내고 있었다.

"아침 댓바람부터 무슨 일입니까?"

"전보요. 급한 전갈이라길래 바로 왔어요."

육사는 전보를 펼쳤다. 그는 너무 놀라 몸을 가눌 수가 없었다. 겨우 난간 기둥을 부여잡고 기댈 뿐이었다. 맏형 이원기가 그만 세상을 떠난 것이다. 뜻밖의 일이었다. 지난밤 세주의 꿈을 꾸며 혹시 무슨 일이 있나 싶었는데, 그 일이 큰형에게 닥친 것이었다. 모진 고문으로 항상 절뚝이던 형님. 그가 몹쓸 후유증과 화병으로 그만 세상을 떠나고 말았다. 육사는 서둘러 상경했다. 형수는 오히려 담담했다.

"서방님, 저는 고향으로 돌아가겠습니다. 이제 아버님, 어머님도 아니 계시고, 지아비도 세상을 떠났으니 고향으로 돌아가야지요. 안동 원촌은 궁벽한 시골 마을이니 왜놈들도 신경 쓰지 않을 겁니다. 애들도 그곳에서 크는 게 낫겠어요. 창씨를 안 해도 되고요."

"형수님! 제가 형님을 돕지 못해 죄송합니다. 무슨 일이든 제가 돕겠습니다."

"서방님. 그런 말씀 마시고 건강 조심하세요. 이렇게 차례로 돌아가시니 저는 서방님이 더 걱정이에요. 몸도 안 좋으신데."

형수는 조카들을 데리고 안동 원촌으로 내려갔다. 육사는 절망스러웠다. 육사가 유목민처럼 떠돌며 자유롭게 살았던 것은 모두 형님 덕분이었다. 이제 형님까지 떠났으니 육사가 집안의 가장 어른이 되었다. 육사는 외로웠다. 이제 누구에게 기대고 살아야 할까. 맏이가 된다는 것이 외로움을 견디며 살아야 한다는 것을 육사는 깨달았다. 원기 형님이 그동안 얼마나 큰 짐을 외롭게 견뎠을지 생각하니 눈물이 왈칵 쏟아졌다. 연이은 가족들의 죽음에 육사의 강철로 된 무지개도 조금씩 빛이 바래고 있었다.

아내는 육사에게 아무 힘이 되어 주지 못해 안절부절이었다. 무엇보다 건강이 걱정이었다. 여전히 폐병을 앓고 있었고 마음이 크게 상해서 또다시 상을 치르면 어쩌나 염려했다. 그러다 아내는 문득 허규 외숙을 떠올렸다. 육사가 가장 잘 따랐던 외숙 허규가 수유리에서 지낸다는 전갈을 얼마 전 받았던 것이다.

육사는 또다시 짐을 싸며 말했다.

"차라리 중이 되는 게 낫겠소. 부모도 잃고, 형제도 잃었으니, 속세와 인연을 끊어야지."

"그러지 말아요. 우리 옥비도 이렇게 잘 자라는데."

육사는 딸아이를 바라봤다. 아버지를 보고 반가운지 옥비는 까르르 웃었다.

"그러지 말고, 수유리에 허규 외숙이 은거하고 있으니 그곳에서 지내시면 어떨까요?"

"허규 외숙이?"

"네. 허규 외숙."

일헌 허규. 그는 일창 한약방을 운영하며 독립 자금을 지원하던 허발의 동생이었고, 독립운동가인 여운형, 김구, 김규식과 친분이 두터운 독립운동가였다. 그는 임시 정부 지령으로 군자금과 동지 규합을 목적으로 활동하다가 체포되었고 서대문 형무소에서 옥고를 치르고 있었다. 그러다 얼마 전 석방되어 수유리에 은거하고 있었다.

"외숙께서 연락을 삼가라고 하셨어요. 치안 유지법에 걸릴 수 있다고. 이번에 형님 일도 경찰들이 기웃거려서 연락드릴 수 없었어요. 외숙께 위험할 것 같아서요."

"고맙소. 당신이 이렇게 살펴 주니."

"수유리는 한적한 곳이니 경찰도 신경 쓰지 않을 것 같고, 요양하기에도 좋을 거예요."

"고맙소. 내 그곳에서 요양하다 몸이 나아지면 돌아오겠소. 당신이 이해해 주니 참으로 고맙구려. 옥비야! 아빠가 다녀올 테니. 엄마 말씀 잘 듣고 지내렴."

"제발 몸조심하세요. 우리 모녀는 당신이 전부랍니다."

육사는 아내의 손을 덥석 잡았다. 아내는 부끄러운지 고개를 돌렸다.

형의 일을 마무리 짓고 육사는 곧장 허규 외숙이 머문다는 수유리로 떠났다. 외숙과 외숙모는 육사를 따뜻하게 맞아 줬다. 무엇보다도 연이어 치른 초상 탓에 심신이 피로해진 육사를 외숙 내외는 지극정성으로 돌봐 주었다.

육사는 이곳이 편안했다. 외숙의 집은 인가와는 멀찍이 떨어져 사람들이 거의 다니지 않아 숨어 지내기에 안성맞춤이었다. 연이은 초상과 폐병에 걸려 몸도 피폐했지만 무엇보다 알고 지내던 지식인들이 친일을 선택했을 때, 육사는 마음이 무너져 내렸었다. 수유리의 삶은 그 모든 것들을 잊고 지낼 수 있었다. 아침에는 뒷뜰로 산책을 다녀오고 낮 동안에는 나무 그늘에 몸을 쉬이며 평상에 앉아 낮잠을 즐기기도 했다. 몸도 많이 좋아졌다. 야만의 세월이 멈추고 더 이상 아무 일도 일어나지 않을 것 같은 곳, 그곳이 수유리였다.

외숙의 집에는 아주 가끔 지인들이 놀러와 시를 짓고 시간을 보내는 것이 전부였다. 그들도 시국 돌아가는 사정보다는 자신들이 지은 시에 대한 감상을 늘어놓는 것 이외에 일체 말을 아꼈다. 다만 그중에 한 분이 자주 외숙과 산길에 나서고는 했는데 두 분 이야기를 육사로서는 가늠하기 힘들었다.

외숙의 집 동편에는 검푸른 빛깔의 석벽이 있었다. 그 석벽을 타고 물줄기가 흘러 아래에 샘물이 고여 있었는데 그 맛이 아주 일품이었다. 그런데 그 석벽 사이사이에 푸르스름한 식물 줄기가 연이어 뻗어 있었다.

"이거 고란 아닙니까?"

"맞다. 어찌 고란을 다 아는구나. 이런 데는 통 문외한인 줄 알았더니."

"예전에 친구 따라 부여에 다녀온 적이 있는데, 그곳에 고란사라는 절에서 스님이 고란 이파리를 따서 물 잔에 띄워 주신 적이 있었죠. 백제 의자왕이 그렇게 마셨다고 하더군요."

"의자왕? 그 사람도 속이 꽤 아팠던 모양이군. 고란 잎이 위장을 다스리는데 효험이 있거든. 망해 가는 백제를 생각하노라면 속이 끓기도 했겠지."

백제의 마지막 임금 의자왕! 그를 생각하면 군주의 무능과 타락상이 떠올랐지만 어쩌면 그 내용은 누군가 일부러 왜곡하려고 만들어 냈는지 모른다. 오히려 백제의 흥망을 눈앞에 지켜보며 그가 겪었을 신경 쇠약을 생각하니 육사는 측은한 마음이 들었다. 아마도 그 역시 온갖 고뇌로 지쳐 버린 속을 달래려고 고란차를 즐겨 마셨을 것이다. 육사는 그런 심정을 생각하며 물 잔에 고란 잎을 띄워 몇 번이고 마셔 보았다.

"숙부님! 이제 전쟁은 어찌 되는 겁니까?"

"낸들 알겠니. 오가는 이야기를 들어 보니 일본도 큰 피해를 입은 모양이더라. 미국이 만만한 나라가 아니잖니. 태평양 해전에서 일본이 패했다는 소식도 있고. 아무리 형편없는 중국군이라도 수십만 일본 군대를 꼼짝없이 붙잡아 두고 있으니 갈수록 일본이 궁색해지는 것이지."

"그럼 형편이 좋아지는 거 아닙니까?"

"그런데 걱정이구나. 중국에 우리 동지들이 서로 분열되어서 일본과 제대로 맞서지 못하는 모양이더라. 일본이 전쟁에 패해서 물러나도 자칫하면 우리끼리 싸울 판이라 걱정이다."

말을 맺더니 허규는 깊은 한숨을 내쉬었다. 고란차의 맛이 입에 썼다.

"원록아! 이런 일에 너무 신경 쓰지 말고 넌 네 몸이나 잘 챙겨라. 그래도 이곳은 자연과 어울리기에 딱 좋은 곳 아니냐. 다른데 신경 쓰지 말고 못 보던 책도 읽고, 여유 있게 시간을 보내 봐라."

외숙 허규는 괜한 이야기를 했다고 생각하며 총총걸음으로 집으로 들어갔다. 요즘 허규의 속내는 참으로 복잡했다. 가끔씩 시를 짓는 핑계로 찾아오는 동지들에게 들으니 중국 상황이 아주 복잡하게 얽혀 있는 모양이었다. 독립운동 단체들은 많은데 정작 그 단체들을 이끌 리더십이 만들어지지 않아서 힘을 한데 모으지 못한다는 것이었다.

차라리 국내 형편이 더 나았다. 얼마 전 여운형 선생이 은밀히 소식을 보내 왔었다. 일본이 점점 전쟁에서 수세에 몰리고 있으니 천천히 그 이후를 준비해야 한다는 것이었다. 일본이 망했을 때, 새로운 나라를 만들려면 조직이 있어야 하고, 그때를 위해 비밀 결사를 조직해야 한다는 것이었다. 걱정은 해외 독립운동가였다. 지금까지 숱한 희생을 치르며 일제에 맞서 왔는데 그들이 정작 분열되어 있으니 해방이 된다 해도 뜻을 한데 모으기 쉽지 않을 것 같았다.

육사는 외숙의 처진 어깨를 바라보았다. 그리고 좀 전에 외숙이 한 말을 되뇌어 보았다.

'중국 상황이 여의치가 않구나.'

그날 이후 육사는 머릿속에서 중국이 떠나지 않았다. 눈을 감으면 수십만 일본군에게 쫓기는 세주가 보였다. 그때마다 세주는 육사를 향해 소리치고는 했다. 하지만 도와 달라는 것인지, 되돌아가라는 것인지 분간할 수가 없었다. 포탄이 이곳저곳 떨어지고 총성이 쉴 사이 없이 퍼붓는 그곳. 또 한 번은 세주가 김구 선생과 심하게 말다툼을 하더니 권총을 꺼내 김구 선생을 향해 겨누었다. 육사가 아무리 세주를 말려 봤지만 세주는 꿈쩍도 하지 않는다. 세주의 권총을 붙잡는 육사. 이어지는 총소리. 육사는 땀에 혼곤히 젖어 깨어나곤 했다.

어스름하게 새벽빛이 돌 때였다. 육사는 또다시 세주의 꿈을 꾸고 다시 잠들지 못해 밖으로 나섰다. 뜰 앞에 허규 외숙이 먼데를 바라보며 서 있었다.

"왜 주무시지 않고 나오셨어요?"

허규 외숙은 말없이 조용히 눈을 감은 듯했다. 육사는 어젯밤

늘게 노시인 한 분이 다녀간 일을 떠올렸다. 아마도 그 일로 외숙이 잠 못 든 게 아닌가 싶었다.

"이극로, 최현배, 이희승 선생이 붙잡혔다는구나."

"네? 그분들이라면 조선 어학회 분들 아닙니까? 아직도 활동을 하고 있었단 말입니까?"

"그렇단다. 비밀리에 우리말 사전을 준비하고 있었지. 아무것도 할 수 없다고 여기는 이때에 그 사람들 기개가 무섭구나. 사는 게 부끄럽다."

"요즘 같은 시절에……. 아마도 모진 고문을 받으시겠습니다."

"아무래도 여운형 선생이 하는 일들을 좀 더 빨리 진척시켜야겠다. 지금 일본은 전쟁을 치르느라 군대가 중국에 묶여 있다. 경찰 병력이 있지만 한번 겨뤄 볼 수도 있을 터. 조직을 갖추고 무기만 들어온다면, 후방에서 교란도 가능하겠지. 아무래도 중국에 다녀와야 할까 보다."

"외숙께서요?"

"그곳에 아직 아는 사람들이 남아 있으니, 자금을 모아 무기를 반입할 수 있을 거다. 국내 조직은 여운형 선생이 맡고 계시니 내가 중국을 다녀올까 한다. 외숙모에겐 비밀이다."

"외숙! 차라리 제가 가겠습니다. 외숙보다 제가 중국은 더 잘 압니다. 그리고 이왕에 중국으로 가는 길, 임시 정부와 조선 의용군의 사이에도 다리를 놔 보겠어요. 조선 의용군 윤세주는 제 절친한 친구이고, 임시 정부 사람들도 어릴 때부터 봐 왔으니 저만 한 사람이 없을 겁니다."

"원록아! 한번 가면 다시 못 돌아오는 길이 될지 모른다. 넌 옥비와 네 처가 있지 않느냐."

"외숙! 어차피 저는 폐병에 걸려 언제 죽을지 모르는 몸입니다. 죽기 전 딱 한 번이라도 조선을 위해 일을 하게 해 주십시오. 그래야 옥비한테도 떳떳한 아비가 되겠지요."

"원록아! 나는 네가 늘 자랑스러웠다. 넌 늘 떳떳했어. 그러니 이번 일은 나서지 말아라."

"외숙! 요즘 잠이 들면, 난징의 군사 간부 학교 시절이 떠오릅니다. 제가 이래 봬도 군사 간부 학교를 다니지 않았습니까? 외숙보다 제가 나을 겁니다. 저는 중국에 가서 할 일이 있습니다. 저의 절친한 벗, 세주를 도와야 합니다. 요즘 그 친구가 꿈에 불길하게 나옵니다. 일본군이 온 산을 에워싸고 불을 지르고 폭격하는 그 한가운데에 세주가 도와 달라고 아우성치는 것 같습니다. 외숙! 이번 일은 제가 가겠어요. 그러니 외숙은 여운형 선생을 도와서 국내에 조직을 만들어 주십시오. 제가 중국에서 무기를 가지고 올게요."

허규는 지그시 눈을 감은 채 한동안 답이 없었다. 조카를 막는다 해도 어차피 중국으로 갈 운명이라는 것을 허규도 짐작하고 있었다. 마침내 허규는 고개를 끄덕였다.

"몸조심해야 한다. 너도 잘 알 테지만 이곳저곳에 일본 헌병들이 깔려 있다. 그들에게 걸린다면 너나, 네 가족이 무사하기는 어려울 거다. 그걸 명심하고 나서야 한다."

"외숙! 걱정 마세요. 일본이 망하는 날, 외숙이 따라 주는 술 한잔 꼭 받으러 오겠습니다."

외숙과 육사는 두 손을 맞잡았다. 외숙의 눈가에 새벽 달빛에 투명한 눈물이 비치고 있었다.

백마 타고 오는 초인이 있어

 하얀 눈길. 아무도 발걸음을 내딛지 않은 새벽이다. 눈은 온갖 애증의 역사를 뒤덮은 듯 땅위에 소복이 쌓였다. 마치 태초의 아침이라도 된 것처럼 모든 것이 하얗다. 어떤 것도 그려지지 않은 역사 이전의 시간. 육사는 억압과 차별과 폭력이 난무하는 현실이 하얀 눈으로 덮이기를 소망했다. 그리고 그 위에 다시 평화와 공존의 첫발을 내딛고 싶었다.

 "이게 뭡니까?"

 "사진입니다."

 "사진인 줄 알지만 왜 갑자기 제게 사진을……."

 "그냥 기념으로 받아 두세요. 어때요? 내 사진 중에 이게 제일 나은 듯 싶은데……."

 "네. 좋아 보입니다."

"절친한 이들에게 사진 한 장은 남겨야 할 것 같아서 주는 겁니다."

석초는 육사의 말이 평소와 다르게 무겁게 느껴졌다. 분명 무슨 일이 있는 것 같았다.

"자, 이제 눈길 한번 걸어 봅시다. 나는 아무도 걷지 않은 눈 쌓인 길을 걷는 게 가장 행복하다오. 게다가 오늘은 새해 첫날이지 않습니까?"

"육사 형을 보면 흰 눈길보다 푸른 하늘, 푸른 바다가 더 잘 어울리던데요. 〈청포도〉의 한 구절이 생각나기도 하고요."

"그것도 좋죠. 하지만 하얀 눈을 대신하지는 못합니다. 눈은 세상의 시간을 되돌려 놓는 것 같습니다. 앞을 보세요. 어디가 식민지고, 어디가 제국인가요? 누가 약하고, 누가 강한가요? 인간이 자기 소유라고 땅 위에 그어 놓은 선들이 흰 눈 아래 사라지고, 차별도, 억압도, 다툼과 미움도, 그 모든 경계심도 눈 속에 파묻히죠. 모든 게 정화되고, 모든 게 평등하지 않습니까? 눈이야말로 자연 속에 존재하는 진정한 아나키스트답지요."

"육사 형! 그럼 눈길을 밟으면 안 되는 거 아닌가요?"

"그건 아닙니다. 언젠가 눈은 녹기 마련이니까요. 그래서 눈이 녹기 전에 그 위에 발자국을 만드는 게 중요하죠. 그래야 다른 사람들도 그 발자국을 따라올 테고, 그렇게 그 위에 길이 만들어질 겁니다. 눈이 녹더라도 새로 길이 생기는 거지요. 그래서 눈 위에 첫발을 내딛는 게 중요한 일입니다. 나한테 눈은 기회예요. 역사를 새로 시작하는."

육사는 사뭇 진지한 태도로 눈길 위를 걷기 시작한다. 석초도 조용히 뒤따른다. 발걸음을 내딛자 뽀드득 하고 소리가 난다. 육사는 석초를 돌아보며 말한다.

"난 이 소리가 좋소. 역사를 새로 시작하는 소리랄까요? 나는 이 눈밭에 씨앗을 뿌릴 겁니다. 당장은 얼어서 씨앗이 죽을 수도 있지만 언젠가 날이 좋아지면 그중에 몇 개는 싹이 트고 움이 돋겠지요. 그것들이 새로운 세상을 만들어 내길 기도할 겁니다. 그때 우리 한잔 합시다."

석초는 바지 주머니에 넣어둔 육사의 사진을 한 손으로 만지작거렸다. 아무래도 평소 육사의 태도와 사뭇 다른 게 이상했다. 석초는 육사를 부지런히 쫓아가며 조용히 물었다.

"무슨 일 있으십니까?"

"일은 무슨 일이요? 별일 아닙니다. 베이징에 다녀오려고요."

육사는 담담히 말했다.

"네? 베이징을요?"

석초는 가슴이 덜컥 내려앉았다. 갑자기 베이징행이라니. 중국은 지금 곳곳에서 일본과 전쟁 중이지 않은가. 베이징에

간다면 필시 위험한 일인데 몸도 성치 않으면서 어떻게 베이징을 가겠다는 걸까. 더군다나 육사에게는 늘 미행이 따라붙지 않는가. 그걸 따돌리고 베이징에 가는 게 가능할까. 가다가 붙잡힐 게 뻔한데. 석초는 육사를 말리고 싶었다. 하지만 그의 뜻을 꺾기란 쉽지 않다는 걸 잘 알고 있었다.

자금성 뒤편에 있는 베이하이 공원. 일본 헌병들이 공원 입구에 총칼을 찬 채 검문 검색을 하고 있다. 공원에 들어가려면 그들에게 까다로운 검문을 받아야 했다. 중국인들은 잔뜩 긴장한 채 일본 헌병의 눈치를 보며 공원 내로 들어가고 있었다. 육사는 위조한 신분증을 대담하게 헌병에게 건넸다. 헌병은 신분증을 훑어보더니 갑자기 뭐에 놀란 듯이 부동자세를 하고 육사를 향해 경례를 올렸다. 어디서 어떻게 발급받았는지 육사가 건넨 신분증은 일본 고위 간부의 신분증이었다. 육사는 창백하리만큼 하얀 얼굴에, 머리는 기름을 발라 올백으로 빗어 넘기고 말쑥하게 넥타이까지 갖춘, 누가 보더라도 귀티가 났다.

육사는 부동자세를 하고 있는 헌병에게 미소를 보내고 손으로 어깨를 툭툭 치며 공원 안으로 들어섰다. 공원은 무척 넓었다. 육사는 호수를 따라 걸으며 회중시계를 꺼냈다. 약속 시간 5분 전. 접선 상대는 여성이었다. 육사는 미리 정해진 대로 선착장에 다다르자 한 손에 부채를 꺼내 들었다. 겉으로 보기에 영락없는 거만한 일본 관리 차림이었다. 그때였다. 오른쪽 숲에서 분홍색 치파오 차림의 한 여성이 양산을 들고 다가온다. 비밀스럽게 전달받은 그 모습 그대로였다.

육사는 여인을 보고 깜짝 놀랐다. 그것은 여인도 마찬가지였다. 하지만 두 사람은 이내 아무렇지도 않은 듯 마음을 다스렸다. 둘은 가볍게 목례를 하고 선착장에서 작은 보트를 빌렸다.

"여기서 이렇게 만나다니. 오랜만이구나. 병희야, 그간 잘 지냈고?"

"네. 오빠도 잘 지내셨죠? 얼굴빛이 안 좋은데 어디 아픈 것은 아녜요?"

이병희. 그녀는 육사의 고향 동생으로 노동 운동으로 잔뼈가 굵은 친구였다. 본래 안동 부포 마을 출신으로 육사가 태어난 원촌과 매우 가까운 곳에서 살았고 육사와는 같은 집안사람이었다. 그녀는 젊은 시절 서울로 올라와 방직 공장의 여공으로 근무하며 항일 운동에 나서다 체포되어 꽤 오랜 시간 옥살이를 해야 했다. 그 이후에는 중국과 조선의 의열단 연락책이 되어 꾸준히 활동을 이어 오고 있었다.

두 사람은 마치 연인이라도 된 듯 호수 한가운데로 배를 저으며 서로의 안부를 주고받았다. 그리고는 곧장 일 이야기를 시작했다. 그 누구도 배 위에서 조선의 독립을 논의하는 줄은 몰랐을 것이다. 두 사람 이야기는 자연스럽게 충칭과 옌안 세력의 분열로 옮겨 갔다. 충칭은 김구의 임시 정부와 한국 광복군이 활동하고 있었고, 옌안은 사회주의자 김두봉이 이끄는 조선 독립 동맹의 조선 의용군이 활동하고 있었다.

"두 세력 사이에 너무 오해가 많았어요. 김구 선생은 조선 의용군이 지식인과 양민을 학살한 중국 공산당과 작전을 펼치는 게 문제라고 여기고, 반대로 조선 독립 동맹 사람들은 광복군이 노동자, 농민을 억압하는 장제스 군대를 지지한다고 비난하고 있어요."

"오해를 풀어야 할 텐데. 민족주의나 사회주의나 독립을 추구하는 건 마찬가지인데 어째서 더 큰 그림을 보지 못할까. 두 세력이 서로 화해를 해야 해방 후에도 혼란이 덜할 텐데."

"충칭으로 가신다면서요?"

"충칭, 옌안 다 가봐야지. 먼저 충칭으로 가서 임시 정부 이야기를 들어 보고 도움을 청해 봐야지. 만약 광복군이 움직여 준다면 화베이 지역에서 일본군에게 공격받는 조선 의용군에게도 큰 도움이 될 거야. 둘 사이에 화해도 될 것이고. 두 세력이 공동 작전으로 맞서면 일본도 크게 당황하겠지."

"오빠 말대로만 되면 좋죠. 하지만 지금 충칭, 옌안 모두 가기 어려워요. 일본 헌병이 길거리에 퍼져 있고 갑자기 불심 검문을 받을 때가 많거든요. 밀정도 많고, 미행도 많아요. 옌안은 아예 전쟁 지역이라 출입 자체가 금지되어 있고요. 우선 이원 동지를 만나 보죠. 얼마 전 충칭에 다녀왔거든요. 아참. 이번에 무기도 반입할 계획이라고 하던데 어쩌실 생각이세요?"

"우선 무기를 구할 수 있는 장사꾼을 물색해야지. 병희 네가 도움을 주면 좋겠구나. 그리고 거래가 잘되면 무기를 이동시킬 방법을 살펴야겠다."

며칠 후 육사와 이병희 그리고 이원은 베이징 모처에서 만남을 가졌다. 육사는 일본 헌병의 감시를 피하기 위해 베이징 중심가에서 떨어진 이병희의 집에 머무르고 있었다.

"지금 당장 충칭과 옌안으로 가는 것은 무리입니다. 모든 길을 헌병대가 통제하고 있어요. 대신 무기를 구할 곳을 알아 뒀습니다. 그런데 중국 장사꾼들이 처음 제시한 금액보다 훨씬 많은 돈을 요구하고 있어요. 육사 동지가 모금한 돈으로는 원하는 무기를 구입하는 게 어렵습니다. 무기를 구하려면 자금을 더 준비해야 합니다."

"그렇군요. 그럼 지금 당장에는 충칭도, 옌안도 가기는 어렵고 자금 부족으로 무기를 구하기도 어렵다는 말씀이시죠?"

"무기를 반입하려면 사람도 더 필요합니다. 대황이나 백작약 같은 한약재에 숨겨서 가져갈 수 있지만 가져온 돈으로는 소량의 무기밖에 못 가져갑니다. 육사가 원하는 만큼 무기를 반입하려면 훨씬 많은 돈이 필요해요."

"그렇군요. 그럼 이렇게 합시다. 이원 동지는 무기상에 가서 일단 뜻을 전하세요. 조만간 자금을 구해 올 테니 무기를 다른 곳에 판매하지 말고 잘 보관해 두도록 말이죠. 그리고 더 강력한 무기를 구해 달라고요. 우선 이 돈으로 계약을 하세요. 저는 잠시 경성에 다녀오겠습니다. 돈을 융통할 만한 사람을 찾아볼게요."

"오빠, 너무 무리하시면 안 돼요. 지금 조선으로 잘못 돌아갔다가 붙잡히면 어쩌시려고요."

"괜찮아. 내게 신분증이 여러 개 있으니 놈들을 따돌릴 수 있을 거야. 얼마 뒤면 형님과 어머님의 소상이 있다. 내가 맏이인데 어른들 소상에 안 갈 수도 없잖니? 어차피 잠시라도 다녀와야 하니 그때 자금줄을 알아봐야겠다."

"그렇게 하시죠. 위험한 일이지만 그게 지금으로서는 최선일 것 같습니다. 충칭과 옌안에는 사정이 나아지면 그때 가서도 늦지 않으실 겁니다. 최근에 충칭과 옌안이 서로 존중하자는 분위기도 생겨서 사이가 최악은 아니거든요."

육사는 아쉬웠다. 무엇보다 세주를 만날 수 없다는 것이 못내 안타까웠다. 하지만 그토록 그리웠던 세주는 이미 이 세상 사람이 아니었다. 타이항산 전투에서 적군의 총격으로 세상을 떠난 뒤였다.

중국을 떠난 후, 육사는 형수가 있는 고향으로 내려갔다. 이미 원일이와 원조, 원창이 모여 있어서 어렵지 않게 형님과 어머니의 소상을 치렀다. 그 뒤 육사는 사방팔방으로 자금을 모으기 위해 동분서주했다. 반기는 이들은 적었고 대부분 말을 꺼내기가 무섭게 육사를 외면했다. 그럴 때면 육사는 이들이 혹시 밀고를 하지 않을까 염려가 되기도 했다. 어려운 시절 자칫 마음을 달리 먹기만 하면 얼마든지 신고할 수도 있는 일이었다.

육사는 종종 일본 경찰을 따돌리고 비밀스럽게 작가들 모임에 참석하기도 했다. 육사가 경성에 와 있다는 소문은 석초에게도 들려왔다. 그 당시 석초는 은밀히 조선어로 시 쓰는 모임을 이끌고 있었다. 발표할 수 없다 해도 시인이 모국어를 잊을 수는 없었다. 석초는 가까운 시인들과 시 발표 모임을 꾸려 나갔고, 마침내 육사에게도 연락이 닿아 모임을 갖기로 했다.

"오늘은 뜻깊은 날이니 좋은 시를 내놓아 봅시다. 육사 형도 이 시기에 모임이 있는 줄 알면 깜짝 놀랄 거요."

"네. 명성만 들었지 한 번도 뵌 적이 없어서 가슴이 뜁니다."

"저도 마찬가집니다. 이런 시기에 육사를 직접 보게 되다니 운이 좋습니다."

이야기를 주고받는 이들은 석초의 후배 시인들로 문단에 등단한 이도 있었고, 등단을 준비하던 이도 있었다. 모두 신문과 잡지가 갑자기 폐간되고 조선어를 쓸 수 없는 상황이 되어 그 뜻들을 펼치지 못한 젊은 친구들이었다.

시간이 흘렀다. 약속한 시간이 지난 지 벌써 한 시간이 다 되어 가고 있었다. 석초는 초조한 낯빛이 되었다. 손에 땀이 나기 시작했다. 목이 바짝 타들어 갔다.

"아무래도 오늘은 틀린 거 아닙니까?"

"기다려 보십시다. 늘 바쁜 분이었으니 사정이 있을지 모릅니다."

석초는 젊은 친구를 다독이며 육사를 더 기다려 보자고 했다.

속절없는 시간이 흘렀다. 석초는 더 이상 기다리지 못하고 문밖에 서성거리기 시작했다. 한참이 흐른 뒤, 멀리서 검은 그림자가 나타나기 시작했다. 석초는 긴장했다. 혹시라도 일본 경찰일까 불안했다. 어딘가 쫓기는 듯 다급한 발소리, 희미한 달빛 아래 상대의 모습이 드러났다.

"아니, 원조! 왜 혼자 오는 거요?"

그림자의 주인공은 육사의 동생 원조였다. 그는 달빛 아래 처연한 표정으로 힘없이 말했다.

"형님이 결국 붙잡히셨소."

"뭐요?"

"형님이 헌병대에 끌려갔단 말입니다."

"이런? 언제? 언제 그랬단 말이요?"

"저도 잘 모르겠소. 나도 요즘 쫓기는 신세여서 통 만나지 못했다가 오늘 모임 때 같이 오려고 집에 들렀더니 형수께서 말을 잇지 못하고 흐느끼시더군요."

"어디로 끌려갔소? 그래도 면회는 되겠지."

"아뇨. 면회도 불가능합니다. 알아봤더니 헌병대가 이미 베이징으로 압송했답니다."

석초는 깊은 한숨을 쉬었다. 검은 구름이 달빛을 가려 밤은 더욱 어두워지고 있었다.

육사는 베이징으로 압송되었다. 형님의 소상을 마치고 안동에서 서울로 올라올 때부터 육사에게는 미행이 따라붙었다. 안동의 원촌 같은 시골에 설마 밀정이 있을까 하는 생각이 아쉬웠다. 육사가 형수와 함께 소상을 치를 때, 마을의 밀정은 육사가 요주의 인물임을 간파하고 안동 경찰서에 연락을 넣었다. 이후 육사는 줄곧 미행을 당했고 서울 모처에서 헌병대에 체포된 것이었다.

체포된 후 육사는 이십여 일 동안 경성 경찰서에 구금되어 있었다. 대개 경찰 조사를 받으면 얼마 후 재판에 넘겨져 서대문 형무소에 갇히는 게 일반적이었다. 그런데 육사는 달랐다. 그를 심문하던 고등계 형사는 말했다.

"죄가 너무 무겁다. 그리고 조선에서 무기 자금을 구해서 중국으로 도주하려고 했으니, 분명히 중국 쪽에 불령선인이 있는 게 분명하다. 조선에서의 조사만으로는 어려우니 베이징으로 데려가야겠다. 그곳으로 가서 무슨 계획이 있었는지 조사하고 그 배후를 캐야 한다. 그래야 일망타진한다."

불행 중 다행일까? 육사는 베이징으로 떠나기 전, 경찰서에서 마지막으로 가족을 볼 수 있었다. 비록 용수를 뒤집어 쓴 채였지만 어떻게 연락이 닿았는지 아내가 어린 옥비를 등에 업고 마중 나와 있었다.

"간수! 부탁이오. 저기, 딸이 있으니 인사라도 하고 가게 해 주시오."

육사의 간절함이 통했던지, 육사를 붙든 사람이 손짓으로 아내를 오라했다. 육사는 아내에게 죄스러운 목소리로 말했다.

"미안하오. 하지만 별일 없을 거요. 너무 걱정은 말아요."

"네. 건강 잃지 않게 조심하세요. 너무 버티지 말아요. 몸 상하지 않게."

"……."

육사는 고개를 돌려 어린 옥비를 바라보았다. 그는 딸의 볼을 만지고 손을 꼭 쥐면서,

"아빠 갔다 오마. 잘 지내고 있어."

"어서 갑시다. 저기 헌병대가 오고 있으니."

간수는 재촉을 했다. 결국 육사는 용수를 뒤집어 쓴 채 트럭에 올랐다. 아내는 소리도 내지 않고 하염없는 눈물을 흘렸다. 그렇게 육사는 가족과 이별했다.

베이징의 일본 영사관. 이곳에 딸린 둥창후퉁 28호 지하 감옥에서는 비명이 끊이질 않았다. 고문은 끔찍했다. 광기에 휩싸인 일본은 더욱 야만적이 되어 갔다. 가시 박힌 나무로 가랑이 사이를 훑는가 하면, 인두로 온몸을 지지고, 거꾸로 매단 뒤에는 콧속으로 고춧물을 들이 부어댔다. 폐결핵으로 힘들어하던 육사의 육신은 꺼져 가는 재처럼 사위어 가고 있었다.

일본 헌병은 육사에게 배후를 대라며 혹독한 고문을 자행했다. 그들은 막다른 골목에 와 있었다. 그렇기에 잃어버릴 한줌의 도덕도, 이성도 남아 있지 않았다. 오로지 자신들의 헛된 야망과 무신경한 폭력만이 난무했다.

육사는 아무 말도 하지 않았다. 배후는 없었다. 배후가 있다면

그것은 오로지 육사의 양심이었다. 헛된 이기심에 저항하는 육사의 양심, 그것이 유일한 배후였다. 그는 기절을 거듭했다. 그런데 기절을 할 때마다 눈 내리는 풍경이 보였다. 눈은 온 세상을 덮을 듯이 내렸다. 그가 가장 좋아하는 풍경이었다. 모든 것들이 눈에 덮이는 광경. 인류의 모든 지난 역사가 얼어붙고 소멸하는 시간. 하지만 그것은 온몸이 떨리는 차가운 아픔을 가져왔다. 소멸을 경험하는 모든 것들은 아픔을 느끼는 것일까. 육사는 고통에 못 이겨 깨어났다. 눈을 뜨면 온몸이 얼어붙을 것 같은 차가운 지하 감옥. 삶인지, 죽음인지 알 수 없는 순간들이 지나갔다.

아픔은 끝나지 않았다. 그런데 고통이 계속될수록, 차가운 눈이 내릴수록, 무신경한 고문이 가해질수록 육사의 머릿속은 오히려 환해졌다. 고통은 세상의 온갖 경계들을 사라지게 만들고 있었다. 강한 것과 약한 것의 경계, 제국과 식민지의 경계, 민족과 민족의 경계, 삶과 죽음의 경계, 인류의 역사가 만들어 놓은 경계들, 그 모든 경계가 다 무슨 소용이란 말인가.

눈을 다시 떴다. 아득한 벌판이 보였다. 끝도 없이 펼쳐진 벌판에 어느 순간 산맥이 만들어지고, 큰 강이 흘렀다. 그러다 갑자기 쏟아지는 눈발. 온 세상이 또다시 하얀 눈 속에 묻혀 산맥도, 강도 또다시 사라진다. 어디선가 은은한 꽃향기가 풍겨 온다. 기분이 좋아지는 꽃 냄새. 아, 이 냄새는 어릴 적 할아버지가 앞마당에 심었던 매화나무 꽃향기가 아닌가. 할아버지가 보인다. 할아버지가 백마를 손에 끌고 온다. 아무 말 없이 미소를 띠우며 말고삐를 건네주는 할아버지. 할아버지! 할아버지! 육사는 할아버지를 부르다 지쳐 차가운 감옥 바닥에 쓰러진다.

까마득한 날에
하늘이 처음 열리고
어데 닭 우는 소리 들렸으랴

모든 산맥들이
바다를 연모해 휘달릴 때도
차마 이곳을 범하든 못 하였으리라

끊임없는 광음을
부지런한 계절이 피어선 지고
큰 강물이 비로소 길을 열었다

지금 눈 나리고
매화 향기 홀로 아득하니

내 여기 가난한 노래의 씨를 뿌려라

다시 천고의 뒤에
백마 타고 오는 초인이 있어
이 광야에서 목 놓아 부르게 하리라
- 〈광야〉, 이육사.

육사는 그해 모진 고문을 견디지 못하고 1944년 1월 16일에
순국했다. 폐쇄된 감옥, 환기도 안 되는 지하에서 폐결핵에 시달
리던 육사가 오래 버틸 수는 없었다. 상처는 곪았고, 세균에 감
염되었으며, 온몸에 독이 퍼지고 말았다. 그는 아무것도 밝히지
않았다. 육사인지, 원록인지, 이활인지 그 무엇도 말하지 않았
다. 두 눈을 부릅뜬 채 양심만 지킬 뿐이었다.

지하 감옥에는 그와 함께 베이징 계획을 준비하던 이병희도
함께 붙잡혀 왔다. 다행히 그녀는 육사가 세상을 떠나기 한 달
전에 풀려났고, 싸늘하게 변한 육사의 시신을 인도받을 수 있었
다. 이병희는 육사의 시신을 화장해서 며칠 후 찾아온 동생 원창
에게 유골을 건네주었다.

그녀는 육사의 유품을 정리하던 중에 꼬깃꼬깃한 마분지에
힘겹게 적혀 있는 글을 발견했다. 그 한 편은 〈광야〉였고 또 다

른 한 편은 〈꽃〉이었다.

　　동방은 하늘도 다 끝나고
　　비 한 방울 나리잖는 그 땅에도
　　오히려 꽃은 발갛게 피지 않는가
　　내 목숨을 꾸며 쉬임 없는 날이여

　　북쪽 툰드라에도 찬 새벽은
　　눈 속 깊이 꽃 맹아리가 옴작거려
　　제비 떼 까맣게 날아오길 기다리나니
　　마침내 저버리지 못할 약속이여!

　　한 바다 복판 용솟음치는 곳
　　바람결 따라 타오르는 꽃성에는
　　나비처럼 취하는 회상의 무리들아
　　오늘 내 여기서 너를 불러 보노라.
　　– 〈꽃〉, 이육사.

　이병희는 시를 읽으며 너무나 안타깝고 분했다. 이병희가 형사에게 붙들리던 날, 이병희의 집에는 육사가 늘 지니고 다녔던

288

노트와 필기구가 놓여 있었다. 육사는 자신이 조선에 잠시 다녀올 걸로 생각하고 소지품을 이병희의 집에 남겨 두었던 것이다. 노트에는 빼곡한 메모들이 쓰여 있었고 더러는 시와 산문도 적혀 있었다. 이병희는 육사의 노트를 형사에게 뺏기지 않으려고 다락에 서둘러 숨겨 두었다. 시절이 좋아지면 다시 찾아올 생각이었다. 하지만 육사는 세상을 뜨고, 이병희는 일경에 붙잡혀 다시는 그곳으로 되돌아갈 수 없었다. 안타깝게도 육사가 남긴 또 다른 작품들은 영영 찾을 길 없이 사라지고 만 것이다.

하지만 〈광야〉와 〈꽃〉은 그가 감옥에서 사투를 벌이며 남긴 육사의 유서나 다름없었다. 하늘도 끝나 버린 시절에 오히려 꽃은 발갛게 피는 법, 육사는 자신의 육신이 끝나 버린 시절에 오히려 꽃으로 발갛게 피어났다. 북쪽 툰트라의 찬 새벽임에도 약속을 저버리지 않고 다시 날아오르는 자유로운 새가 되었다.

39년 9개월이라는 길지 않은 삶. 그러나 그에게는 삶과 죽음이 의미가 없다. 그것들은 그가 좋아하는 눈이 쌓이는 날이면 그 경계가 사라져 버린다. 그는 떠났지만 여전히 숨을 쉬고 있고 백마를 타고 낙동강을 달리고 있으며, 어떤 경계도 없는 하늘을 향해 날아오르고 있다. 그는 말했다. '지금 눈 나리고 매화 향기 홀로 아득하다'고. 그가 말하는 지금은 언제일까. 오래전 일제 강점기만을 뜻하는 것일까.

차별과 억압이 여전히 존재하는 지금, 그가 말하는 지금은 우리가 살아가는 현재이기도 하다. 역사는 인간의 의지가 쌓여서 만드는 시간이다. 그렇기에 언제나 욕망들이 뒤섞이고 또다시 차별과 억압, 여러 경계들이 만들어진다. 과거에 그것이 일본이 었고, 일본에 기댄 친일파였다면, 현재 그것은 또 다른 부패한 정치 세력이거나, 또 다른 위협일 수 있다. 경제적인 착취와 차별이 존재하고, 생태적인 위협과 환경적인 재앙, 국제적인 분쟁과 종교적인 갈등, 그 어떤 힘들과 욕망이 또다시 광야를 덮치고 인간의 양심을 짓밟을지 모른다.

그것은 어쩌면 멀리 있지 않을 수 있다. 우리 안에 존재하는 이기적인 욕망과 충동, 우리 마음에 선을 긋고 그 선으로 누군가를 차별하고 억누르려는 욕망, 그것들은 자신도 모르게 야만이 되어 우리 내부에 존재하고 있는지 모른다. 따라서 육사가 말하는 지금은 언제나 지금이며, 우리가 살아가는 이 세계는 언제나 '눈이 나리고 매화 향기 홀로 아득하게' 흩날릴 것이다. 그러므로 육사가 그렇게 애달프게 기다리던 '백마 타고 오는 초인', 그는 늘 부질없는 욕망과 싸워 나갈 우리들 자신이어야 한다.

'내 고장 칠월은 청포도가 익어 가는 시절, 이 마을 전설이 주절 이주절이 열리고 먼데 하늘이 꿈꾸며 알알이 들어와 박혀…….'

〈청포도〉를 처음 감상한 것은 중학교 1학년 때였습니다. 오래 전 일이지만 궁금했던 게 기억이 납니다. 그 시절 내가 먹던 포도는 모두 어둡고 짙은 자줏빛이었는데, 청포도는 어떤 맛일까 궁금했지요. 요즘처럼 수입산 청포도가 없던 시절이었으니까요. 입안 가득 침이 고일 만큼 신맛일까? 아니면 머리를 시원하게 할 상큼한 맛일까? 그러다 어쩌면 청포도가 익지 않은 포도를 가리킬 수 있겠다는 생각이 떠올랐습니다. 그래서 '익은 청포도'가 아니라, '청포도가 익어 가는 시절'이라고 쓴 것은 아닐까 생각했죠. 얼마 전 이런 해석을 우연히 발견하고 얼마나 반가웠는지 모릅니다.

다 익은 청포도가 아니라 익어 가는 청포도라고 쓴 것은 이 시가 과거나 현재가 아니라 미래를 대상으로 삼기 때문일 것입니다. 시인 이육사가 살았던 시대는 일제 강점기였습니다. 그는 나라가 망한 과거에서 살았고, 나라가 없는 현재를 살고 있었습니다.

일제 강점기라고 해서 모든 사람이 고난을 겪었던 것은 아닙니다. 특히 지식인들에게는 선택의 문제였죠. 그러니 고난을 겪는 것은 각자의 의지에 달려 있었습니다. 시인 이육사는 고난을 선택했습니다. 왜냐하면, 그는 과거나 현재를 살지 않고 미래를 살았기 때문입니다. 마치 백마 타고 오는 초인처럼 말이지요.

그에게 산다는 것은 청포도가 익어 가는 과정이었습니다. 다른 사람들 눈에는 고난과 역경이었을지 모르나 그에게 삶은 먼데 하늘이 꿈꾸며 알알이 들어와 박히는 시간이었죠. 일본으로 건너가 유학을 할 때도, 대구 감옥에서 첫 옥살이를 할 때도, 중국에서 군사 학교를 다니던 시절과, 독립운동으로 활약할 때도, 심지어 폐병으로 시름시름 앓을 때조차 그는 청포도가 익어 가는 중이라고 여겼을 것입니다. 푸른 하늘처럼 자유롭고 억압이 없는 세계를 청포도와 함께 꿈꾸고 있었지요. 이육사는 젊고 푸른 시인이었습니다.

시인 이육사의 삶을 알고 싶었습니다. 시를 읽고, 가르치는 사

람으로서 감당하지 못할 큰 부채 의식을 짊어지고 있었으니까
요. 그가 청포도처럼 꿈꾸지 않았더라면 어땠을까. 생각하면 아
찔합니다. 그 시절 그가 지켜 낸 시가 없었더라면, 우리는 그 시
절 시를 가르치지 못했을 것입니다. 어쩌면 그 시절 시는 패배했
거나 비겁했다고, 미래를 꿈꾸지 않았다고 말할 수밖에 없겠지
요. 시인 이육사는 꿈꾸는 것이 어렵던 시절, 꿈꾸는 것이 가능
하다고 온몸으로 보여 준 고귀한 역사였습니다.

글을 쓰면서 여러 차례 망설였습니다. 워낙에 큰 의미를 지닌
삶이어서 자칫 누가 될지 모른다는 생각이 컸습니다. 하지만 시
인 이육사의 삶을 다룬 책이 많지 않은 까닭에 용기를 내었지요.
쓰는 과정에서 고민이 많았습니다. 객관적인 사실만 쓴다면 연
보 이상의 의미를 갖기 어렵고, 그가 남긴 시를 삶과 연결하기도
쉽지 않기 때문이었죠.

여러 고민 끝에 객관적 사실을 바탕으로 허구적 상상력을 가
미하여 책을 서술했습니다. 사실을 왜곡하는 일이 없도록 그가
남긴 시와 수필, 평론, 심문 조서까지 모두 살펴보며 자연스럽게
배열되도록 노력했습니다. 이 과정에서 이육사 문학관에서 보내
온 이육사 전집과, 역사학자 도진순 교수님의 열정적인 작품 해
석이 큰 도움이 되었습니다. 무한한 감사를 드립니다. 여러 검증
에도 불구하고 일본과 중국의 체류 시절은 상상력이 큰 비중을

차지할 수밖에 없었습니다. 앞으로 올바르지 못한 서술이 발견 되다면 다시 써 나가야겠지요.

책이 나오기까지 북멘토 출판사의 도움이 컸습니다. 선뜻 출 판을 허락해 준 김태완 사장님과 편집을 도맡아 준 조정우 차장 님께 큰 감사를 드립니다. 긴 글을 흥미롭게 살펴 준 김일중 선 생님께도 감사합니다. 아무쪼록 시인 이육사의 생애와 작품이 더 널리 알려지길 바라며, 그의 삶이 다른 누군가의 젊고 푸른 꿈으로 송이송이 피어나길 진심으로 기원합니다.

강영준

한국 근현대사와 함께 보는

이육사 연보

1904년

5월 18일 출생. 경상북도 안동군 도산면 원촌동(현재 원천동)에서 태어남. 어린 시절 이름은 이원록이었고, 이원삼, 이활 등의 다른 이름으로도 불림. 6형제 중 차남임.

1904년 8월 22일 제1차 한일 협약 체결됨. 대한제국의 정부 부처에 일본인 고문이 임명되어 간접 통치를 하는 방식으로 일본의 내정 간섭이 시작됨.

1905년 7월 29일 일본과 미국이 가쓰라 테프트 밀약을 맺고 일본은 조선을, 미국은 필리핀을 지배하는 데 서로 동의함.

1905년 9월 5일 일본이 러일 전쟁에서 승리하여 러시아와 일본 사이에 포츠머스 조약이 성립됨. 이로 인해, 러시아가 일본의 조선 지배를 인정하게 됨.

1905년 11월 17일 국제 사회에서 조선 지배를 인정받은 일본이 조선에 을사 조약을 강요함. 이 조약으로 인해 조선은 실질적으로 일본의 지배 아래 놓이게 됨.

1905년 11월 30일 을사조약에 대한 항의의 뜻으로 민영환이 스스로 목숨을 끊음.

1909년   5세 할아버지 이중직에게서 소학을 익히기 시작함.

1909년 10월 26일 안중근 의사가 하얼빈에서 이토 히로부미를 저격함.

1910년 8월 22일 한일 강제 병합 조약이 체결됨으로써 조선은 공식적으로 일본의 지배 아래 놓이게 됨.

1910년 10월 1일 조선 총독부가 설립됨.

1916년 12세 할아버지가 돌아가시고 집안 형편이 기울기 시작
함. 보문의숙에서 공부하기 시작함.

1919년 1월 21일 고종 황제가 세상을 떠남.

1919년 3월 1일 3·1 운동이 일어남.

1919년 4월 13일 중국 상하이에 대한민국 임시 정부가 수립됨.

1920년 16세 안용락의 딸 안일양과 결혼. 석제 서병오에게서
그림을 배우기 시작함.

1920년 6월 7일 홍범도가 이끄는 대한 독립군이 중국 지린성에서 일본
군을 크게 무찔러 이김. 이 전투가 바로 그 유명한 봉오동 전투임.

1921년 17세 백학학원에서 공부를 하기 시작함. 원삼이라는
이름을 사용하기 시작함.

1923년 19세 백학학원에서 교편을 잡고 학생들을 가르침.

1923년 1월 12일 의열단원 김상옥이 종로 경찰서에 폭탄을 투척함. 십여 명의 사상자가 발생하고, 일본 경찰과 대치하던 김상옥이 순국함.

1924년 20세 일본 유학길에 오름. 킨조 고등 예비 학교에서 공부를 시작함.

1925년 21세 본국으로 돌아와 대구 조양 회관을 중심으로 활동함.

1925년 4월 17일 조선 공산당이 창당되고 수많은 지식인들이 참여해 항일 운동의 주축이 됨. 공산주의 문학 단체인 카프가 결성되어 식민지 현실을 바꾸기 위한 작품을 다수 발표하게 됨.

1926년 22세 중국 유학길에 올라 중국 대학에서 상과를 전공함.

1927년 23세 귀국하여 지내다가, 장진홍 의거 사건에 연루되어 구속됨. 장진홍 의거 사건이란, 독립운동을 위해 일본의 관공서와 대구 식산 은행, 조선은행 등에 폭탄을 발송해 은행 건물을 폭파시키고 다섯 명의 부상자가 나온 사건으로 당시 체포되며 받았던 수형 번호가 264번이었기 때문에 이육사라는 필명을 가지게 됨.

1927년 2월 15일 공산주의 계열 항일 운동가와 민족주의 계열 항일 운동가가 만나 신간회를 결성함. 좌우익 세력의 결합으로 태어난 항일 독립운동 단체였다는 점에서 큰 의미가 있는 사건이었음. 신간회의 탄생으로 독립을 향한 민족의 의지도 더욱 커졌지만, 일본 제국주의자들의 탄압 역시 거세어짐.

1929년 25세 대구 형무소에서 약 3년간의 옥살이를 마치고 증거 불충분으로 감옥에서 풀려남.

1929년 11월 3일 광주 학생 항일 운동이 일어남. 일본인 남학생이 길 가던 조선인 여학생을 희롱한 것이 발단이 되어 조선인 학생들이 집단 반발하게 되었고, 전국적인 항일 시위로 번져 나간 사건임. 3·1 운동 이후 최대의 전국적인 항일 운동이라는 의의가 있음.

1930년 26세 이활이라는 이름으로 첫 시인 〈말〉을 〈조선일보〉에 발표함. 광주 학생 항일 투쟁의 여파로 대구 청년 동

맹 간부로서 구속되었다가 풀려남. 〈중외일보〉 기자로
임용되었음.

1931년 27세 대구 시내에 일본 제국주의에 반대하는 전단이
뿌려진 대구 격문 사건이 발생함. 일본 경찰은 배후로
이육사와 그의 동생 원일을 지목하였고 체포됨. 두 달
뒤 석방되어 〈조선일보〉 대구 지국에 입사함. 만주에
방문함.

1931년 9월 18일 일본이 중국 만주 땅을 침공한 사건인 만주 사변이 일
어남. 이 사건으로 인해 일본이 만주국을 세우고 제국주의 침략 행위
를 가속화하게 됨.

1932년 28세 〈조선일보〉를 퇴사하여 중국으로 감. 펑티엔, 베
이징, 텐진 등을 전전하다 난징에 있는 조선 혁명 군사
정치 간부 학교의 1기생으로 들어감.

1932년 4월 29일 윤봉길 의사가 중국 훙커우 공원에서 열린 일왕의 생
일 축하 행사에 참여한 일본의 제국주의자들에게 도시락 폭탄을 던

짐. 일본군 상하이 총사령관이 사망하는 등 큰 피해를 입힘.

1933년 29세 조선 혁명 군사 정치 간부 학교를 졸업하고 상하이로 건너가 루쉰을 만남. 그해 7월 서울로 돌아옴.

1935년 31세 정인보의 집에서 시인 겸 언론인인 신석초와 만나 가깝게 지냄. 본격적인 시 창작 활동을 시작함.

1937년 7월 7일 일본군과 중국군 사이에 일어난 작은 사건을 빌미로 일본이 중국을 침략하는 전쟁을 벌임. 이 전쟁이 우리에게 잘 알려진 중일 전쟁으로, 이 전쟁을 계기로 동남아시아와 미국 진주만까지 공격하는 제국주의 탐욕이 본격적으로 시작됨.

1938년 4월 1일 일본에 의해 국가 총동원법이 공표됨. 이로 인해, 조선의 물자와 노동력이 일본이 일으킨 전쟁에 본격적으로 수탈당하기 시작하였음.

1939년 35세 시 〈청포도〉 발표.

1939년 9월 1일 독일이 폴란드를 침공한 것을 계기로 제2차 세계 대전이 발발함. 이미 조선과 중국을 침략한 일본은 독일, 이탈리아와 같은 전범국들과 손잡고 연합군과 전쟁을 벌임. 이 과정에서 전쟁이 끝날 때까지 수많은 조선인들이 전쟁에 동원되어 수탈을 당하거나 사망하게 됨.

1940년   36세 시 〈절정〉, 〈광인의 태양〉 등 발표.

1941년 12월 7일 일본이 미국 하와이의 진주만을 공습함. 이로 인해, 미국과 일본의 전쟁이 본격화됨.

1943년   39세 베이징으로 가서 국내로 무기를 반입할 계획을 세움. 이 사실이 발각되어, 베이징 주재 일본 총영사관 경찰에 구금됨.

1943년 9월 8일 이탈리아가 연합군에 항복함.

1944년   40세 베이징에서 사망함. 동생인 원창에게 유골이 인계되어 미아리 공동묘지에 안장됨.

1945년   동생 원조에 의해 〈꽃〉, 〈광야〉 등의 시가 소개됨.

1945년 5월 8일 나치 독일이 연합군에 항복함.

1945년 8월 15일 일본이 항복을 선언함으로써 제2차 세계 대전이 끝남.

1946년   동생 원조가 《육사 시집》을 출간함.

글 강영준

책 읽기와 생각 나누기를 즐기는 사람으로 상산고에서 10대들을 가르치고 있다. 《시로 읽자, 우리 역사》《한중록: 누가 사도세자를 죽였는가?》 등 문학과 역사를 두루 살펴보는 글을 써 왔고, 《허균 씨 홍길동전은 왜 쓰셨나요?》로 제 7회 창비 청소년 도서상을 받았다. 최근에 문학과 심리학을 엮어서, 《친애하는 내 마음에게》를 출간했다.

역사인물도서관 4

칠월의 청포도 – 이육사 이야기

1판 1쇄 발행일 2021년 12월 10일 1판 2쇄 발행일 2022년 10월 27일
글쓴이 강영준 펴낸곳 (주)도서출판 북멘토 펴낸이 김태완
편집주간 이은아 편집 김경란, 조정우 디자인 안상준 마케팅 최창호, 민지원, 염승연
출판등록 제6-800호(2006. 6. 13.)
주소 03990 서울시 마포구 월드컵북로6길 69(연남동 567-11) IK빌딩 3층
전화 02-332-4885 팩스 02-6021-4885
🏠 bookmentorbooks.co.kr ✉ bookmentorbooks@hanmail.net
📷 bookmentorbooks__ 📘 bookmentorbooks

ⓒ 강영준 2021

ISBN 978-89-6319-444-8 03990